【新版】

中原淳一

きもの読本

平凡社

「少女の友」表紙　昭和15年

どこの国を見ても自分の国の服装を持たない国はありません。和服を生み出した当時とはがらりと生活が変わってしまったのだから、洋服を着ることになったのは当然としても、私達が自分の国の服装をすっかり捨ててしまうのは悲しいことです。きものは日本人のために、日本人のいろいろな条件に合わせて、長い間ためして、日本人が美しく見えるように出来上がったものなのだから、やっぱり日本人は、きものを着るべきだなとつくづく思うのです。

中原淳一

この本は「少女の友」「それいゆ」「ひまわり」「ジュニアそれいゆ」「女の部屋」の中から、中原淳一がきものをテーマに書いた文章と絵を選んで新たに編集したものです。

この本を作るにあたり、原本の旧字・旧仮名づかいを新字・新仮名づかいに改め、誤字・脱字を訂正しました。一部、時代に合わない部分を削除・訂正したり小見出しを加筆したほかは、原本に忠実に再録しました。

「それいゆ」より　昭和29年

はじめに

中原淳一は作品の中で着物姿の少女や女性を沢山描いていますが、「中原淳一」と「着物」が直接結びつかない若い方達も多いのではないでしょうか。それはきっと中原淳一のファッションデザイナー（服飾研究家、と本人は言っています）としてのイメージが強く、それが「洋服」に結びついてしまうからだと思います。

日本人を最も美しく見せるのは着物だと淳一は考えていました。淳一は着物について大変造詣が深く、扱いも着付けも大変上手でした。幼少期を過ごした「大正」という時代の女性の服装が和服中心であり、母親の美しい着こなしを身近に見て育った淳一にとって、それはその感性から見ても当然のことなのかもしれません。

幼いころから淳一は母親から着物についていろいろなことを学び、着物が大好きでした。その後洋服中心の世の中になり、雑誌の仕事を始めた淳一は、洋服について、またおしゃれや暮らしについて多くの提案やアドバイスをしていくのですが、そんな中でもことあるごとに着物について触れ、語っています。

最近は、若い人達が着物に興味を持ち、それぞれの感覚で自由に着て楽しんでいます。それはそれで素敵なことかもしれませんが、せっかく着物に関心を持ったのなら、自分流に着崩す前に着物の本当の良さや伝統を知り、より素敵に着こなしてほしいと思います。日本人の心を忘れず、基本を踏まえることが、立ち居振る舞いにも生きてくると思うのです。その上で洋服を着ると今度はより洋服の良さも知ることになるし、着物ももっともっと好きになるのではないでしょうか。この本を通して本当のみだしなみを身につけていただけたらこんなに嬉しいことはありません。

中原蒼二

E N T S

KIMONODOKUHON

JUNICHI NAKAHARA

日本人ときもの

あるデパートの七五三のためのファッションショーの演出を頼まれたことがありました。そのとき、ある美容室の若い美容師さんたちが着つけをするためにきてくれたのですが、可愛いモデルさんに振袖の衣装を着つけたら、そのお母さまたちが私のところに、悲愴《ひそう》な顔をしてやってきて「あの、こんなグスグスなんですけど、これでいいんでしょうか」とか「衿もとは、こんなですけど、これでまちがっていませんか」とか「帯はズッコケるんですが、どうしたらいいんでしょうか」と訴えてきました。よく見ると、なるほど、お母さまたちの言うのも、もっともでした。ショーの第一回目の幕あきまでに着せかえる時間はないし、私が二人ほど着せつけた子たちだけは、ピシッと可愛く着ています。

「あら、いいわねぇ。先生に着つけてもらって」などと、泣かんばかりの顔で、衿もとや帯を直したりして、お母さまがたは大さわぎ。私は、それを見て、つくづくと考えました。今日《こんにち》、子供のきものを着せつけたばかりの若い美容師さんたちは皆、美容学校で着つけは一通り習っただろうし、インターンの過程も経てきて、一人前の美容師であるはず。

けれども、きものを着ることの少ない近頃、あまり人に、きものを着せる機会もなかったのでしょう。大体この頃、きものを着るといえば、お正月と成人式、それに子供なら七五三ぐらいに決められていてそのほかは皆無といってもいいのではないでしょうか。したがって、たまにきものの着つけを頼んでくるお客さんがあっても、こんな若い美容師さんたちには回ってこず、ベテランの美容師さんで処理してしまうのかもしれません。

便箋表紙　昭和30年頃

赤い花　昭和13年

となると、この美容師さんたちは美容学校で、着つけの順序や帯の結び方を一応は習っても、人の着つけをほとんどしたことがないのかもしれません。それどころか、自分ですらきものを着たことは成人式だけで、それも人に着せてもらったのかもしれない。それに子供のきものというのは、大人と同じではなくて、いかにも子供の可愛さの見えるように、着つけなければなりません。ところが、そんな状態では、着つけのコツなど知ろうはずがないといってもよいのではないかと、私はつくづく考えてしまいました。

日本人でありながら、自分できものを着られる人が、ほとんどいない日本。きものというものは着つけの専門家がいて、その人が着つけるのがあたりまえになったきょうこの頃ですが、もしこのままだったら――今なら四十、五十代の人が常識として、きものの着かたを知っていますが、もう三十年もたつと、今の五十の人は大体いなくなり、この七五三の子供の着つけをしてくれたような二十代の美容師さんたちが、本当のきものの着つけの習練もできないまま五十代になるわけで、かろうじてその人たちがきものの着つけを知っているというのでは、美しい着つけをしたきもの姿などは全く見られなくなってしまうと思うと、背筋の寒くなるような思いがしました。もちろん日本人にも洋服がだんだん板につき生活様式が変わるにつれ、体型も洋服的になり、洋服を着ていることに少しの不自然さも感じなくなっている今、洋装はイヤダなと思ったことはありませんが、日本人には、やっぱりきものの方が本当に似合っているのではないかと思います。

そのことを、つくづくと思い知らされたのは、海外生活をしてみてでした。背も高くて洋服のよく似合うと思っていたDさんという女性が、ちょうど私のパリ滞在中に後からやって来て、会いたいという電話を受けました。それで私の住んでいたホテルの近くの地下鉄《メトロ》の駅の入口で待ち合わせる約束をしました。約束の時間にそこへ行ってみると、夕方の人波で、大ぜいの人が階段を群がって上ってきます。私はDさんの顔を一生懸命探していたら、周囲の人たちの彫りの深い白い顔の中で、冴《さ》えない黄色い顔をした、背は高いが胴の長い婦人が「あら！　先生」と声を立てて、笑顔で人混みをかきわけるように、私の方へと階段をかけ上ってきました。

私はそのときに思いがけないほど、ビックリしました。日本にいたときには洋装の似合うDさんとして、皆その人を美人の仲間に入れていたのに、フランス人の中に混じると、顔の黄色いのは当然のこととしても、薄っぺらな身体つきが、ほかのフランス女性と較べて、何とプロポーションの悪いことか。

それを見たとき、これは他人《ひと》ごとではないぞ、自分の姿は自分で見えないから、結構それで済んでいるようなものの、日本ではあれだけオシャレなDさんが、これほど冴えなく見えるのなら、同じフランス人の中に立っている自分も、さぞかし冴えないだろうと、私は自分のプロポーションを何とかカバーするため、背伸びでもしたいような気持ちでした。

それから一週間ほどして、オペラ座で偶然に彼女とパッタリ会いました。その日の彼女は、きもの姿でした。黒地に白い花が大きく浮き出た訪問着を着て、にこやかに笑いながら近よってきたとき、私は彼女がすこしもフランス女性にヒケは取らないような気持ちで、彼女に会うことが出来ました。そして私と立ち話をしている彼女とすれ違うフランスの婦人が「トレ・ジョリ（大変美しい）」とニッコリ笑いかけて通ったり、目で承諾を求めるような合図をして写真を撮《と》る中年紳士もいました。

もちろん、それはフランス人から見て、きもの姿がエキゾチックであるという珍しさもあるのでしょうが、外国にいて日本人がきものを着ている場所に外国人とどちらが美しいかといわれても比較対照がしにくいものです。だから日本人として美しい婦人であれば、外国人のなかにいても美しいんだなと感じます。それを見ても（何も日本人が外国人に見せるために、きものや洋服を着ているわけではないのですが）やっぱり日本人は、きものを着るべきだなとつくづく思うし、洋服は外国人のあらゆる条件に合わせて作られたものであり、きものは日本人のために、日本人のいろいろな条件に合わせて、長い間ためして、日本人が美しく見えるように出来上ったものだなということを、今更のように思い知らされたのでした。

〈新衣裳読本〉より　昭和12年

〈夏姿乙女五人〉より　昭和12年

洋服と和服の違い

ここで洋服と和服の違いをちょっと考えてみましょう。

欧米人の体は大変立体的です。だからその凹凸が美しいので、洋服は体をおおってしまうのではなく、その凹凸の美しさを強調するように出来ているのです。別な言い方をすれば、体の凹凸に合わせて、布をいろいろな曲線に裁ち、それをつなぎ合わせたものが洋服です。それに対して日本人の体は、非常に平面的です。だから体の曲線そのものでみると、外国人ほどの美しさはないのですが、それにきものをまとって、帯をしめて、そのきものから出る曲線の美しさで、女の美しさを見せようとしているのです。

洋服は曲線と曲線を縫い合わせて——たとえば手芸でぬいぐるみの犬や人形を作ると

きに、いろいろな曲線で型紙を作り、それを縫い合わせて、綿をつめて、犬の形になったり、人間の形になったりするのと同じで、それに人間の体を入れてゆくもの。

だから洋服では、人間の体はぬいぐるみの中につめた綿のような役目をしているのです。そして洋服の場合はボタンで前をとめるとか、背中のファスナーをとめるとかすると、ピッチリとした体の曲線の美しさがそこに生れて、それ以上に手を加える必要はないのです。洋服が曲線に裁ち、縫い合わせてゆくのに対して、きものは体の凹凸には無関係に全部直線で縫い合わせてあります。和服は、それを肩からかけただけでは、ノレンのように、まるで体のくぼみや出っぱりに対して無関係なものです。日本人の体が平面的であるといっても、箱のように真四角ではなく、曲線であることは確かです。そこへ四角く縫った布を、何本かの紐で形よく体にしばりつけるのですから、体の曲線にピタリと沿うことはなく、どうしてもしばるときにシワが出てきます。そのシワを、どの位置に、いかに上手に寄せてゆくかということが、きものの着つけのコツの一つになります。

〈夏姿乙女五人〉より　昭和12年

〈新衣裳読本〉より　昭和12年

前に、Dさんがフランス人の間で胴が長く見えたといいましたが、日本の帯を結ぶには、あの胴の長さが、ちょうどいいのです。

つまり日本人は胸のふくらみから、腰のふくらみまでの間に、帯の幅だけの平らな部分があります。

だから、あんな幅広の帯がちょうど落ち着くのです。和服を着る場合、胴が長いのは悪条件ではないのですが、その和服を着る日本人が洋服を着ようとするときに、胴の長いことで悩むのではないでしょうか。

それに対して、欧米人は胸のふくらみからウエストラインまで細くなり、いきなりパッと腰が出ているので、日本の帯だったら落ち着く場所がないわけで、そこにタオルか、さらしのようなものを何枚も巻いて、平らな部分を作ってからでないと帯はしめられないでしょう。

日本人は洋装のとき、足が太いことを大変気にします。ところが欧米人は体は太っていても、例外を除いて足は細く、とくに足首はキュッとしまっています。だから足の肥る病気でもない限り、足のことを心配する人はいません。日本人は体が痩《や》せている割に、足の太い人が多いので、稀少価値のように足の細いことを問題にします。これも足をおってしまう和服の時代には、自分の足の太さも気にしなかったことでしょう。別の言い方をすれば、外国人は洋服を着ても体の曲線を見せようとするし、日本人は和服の作り出した曲線で姿の美しさを見せようとしているのです。

そして、洋服の場合はデザインの良し悪しが問題になりますが、きものはどんな体型の人にも無関係ですし、また大人も子供も同じ型に、またお嬢さんも粋筋の人も、若い人も年増《としま》の人も、皆同じように仕立ててしまうのです。

それを「着つけ」のときに、どう着つけるかによって、とても若々しい、まあ洋服でいえばスポーティな感じになったり、同じきものが粋筋の人のそれらしい「着つけ」をすると、全く別な雰囲気がそこに生まれるのです。

また下手に着つけると、ほっそりとしたスタイルの良い人が、しまりなく太った人のように見えたりしますが、上手に着つけると、たとえ太っていても、キリリとしまった良い恰好《かっこう》になるのです。

まったく和服の「着つけ」というのは不思議なものです。

和服を着る以上「着つけ」は非常に大切な要素と考えられるので、私は「和服における着つけは、洋服におけるデザインと同じ役目をしているのです」と、女のかたなどに話をしています。

こんなに「着つけ」が大切な要素というと、きものに対して怖気《おじけ》づいて——私なんか、とても自分一人では着られない——と、和服は成人式とお正月と花嫁姿くらいになってしまいそうですが、そんな考えはサラリと捨ててほしいのです。

「女の部屋」より　昭和45年

時代の流れときもの

戦前の人（つまり九十年くらい前）は女学校の制服はもちろんセーラー服で、今と同じようなものだったし、洋装も決して珍しいものではなかったのですが、だいたい学校を卒業して、いわゆる「娘」時代になると、ちょうど化粧を始めるのと同じように、皆いっせいに美しい和服を着たものでした。そして洋装をする人もかなりいましたが、そういう人たちに「二重生活はムダだ」と、今なら女性評論家とでもいうような人たちが、和服と洋服をちゃんぽんに着ていることを、親の仇《かたき》にでも会ったようにうるさく批判する風潮もありました。

つまり、それはお嫁にゆくときはタンス一さおとか二さおとか、経済状態によっていろいろですが、そのタンスの中にたたんだきものを、いっぱい入れて持っていったほどですから、娘時代から手頃《てごろ》なものや、良い柄の見つかったときには、いますぐ必要かどうかに関係なく、買いためておくのが習慣でもあり、娘をもつ親のつとめでもあったのです。

そんなふうに、きものを何枚も持っているのに、そのほかに洋装もするとなれば、その洋服だけではすまないわけで、どうしても靴下、靴、帽子、それに下着類も違ってくるので、当時の洋装はぜいたくの許される人だけに出来ることといえたのでしょう。だから洋装が出来るということに憧れる人も多いわけで、そのぜいたくを戒《いまし》めたのが「二重生活」批判であったわけです。

今とちょうど逆の現象で、ふだん洋服でばかり生活しているのに、タンスにいっぱいきものを持っていて、なにかの折りには取りかえ引きかえ和服を着ている人がいたら、

「女の部屋」より　昭和45年

やはり稀《まれ》に見るぜいたくな人だと思うのと同じことでしょう。

人間のぜいたくに対する憧れのような気持ちは、いつの時代にも変わらないものとしてもっているので、今でも日本の女性だけにできるぜいたくとして、タンスにあふれるほどのきものを持っている人が、洋服もいっぱい持っていて、毎日あれこれ着かえることができるなら、それを楽しいと感じるのではないでしょうか。

考えてみると当然のことながら、衣服はその時代、時代の流れと無関係なものではないのです。

たとえば以前は女性が働くのは、生活のためにその必要のある場合か、その人だけの特殊な才能があって、それを生かすために周囲が捨てておかなかった場合であったのです。けれども現在は若い女性なら誰でもがお勤めに出るのがあたりまえになりました。

そのことと関連して、通勤のラッシュに、乗りもののおびただしい混雑などが加わったこと。それに戦争に敗れてほとんどの人が無一文になったとき、和服なら一枚作るだけの丈《たけ》がきちんとなければならないのに、洋服ならちょっとしたはぎれででも、袖なしブラウスくらいは作れるし、それにも足りなければ、デザインで切りかえなどこしらえて、布をはいででも出来る便利さがあって、洋服の方が当時の生活には合理的であったということ。いくら美しいものに憧れてみても、日本人には何一つ手に入らないその頃に、勝った国のアメリカ人が（当時進駐軍といった）どんどん日本に来て、惨めな日本人の間をさわやかにスカートをなびかせて街をゆくアメリカ婦人を見て、美しいものに触れたような感じを受けたこと等々。

「女の部屋」より　昭和45年

こんな時代の移り変わりがあって、日本人でありながら、和服のことを忘れてしまったように洋服だけの生活になったのではないでしょうか。

けれども世の中が落ち着いてくると、和服への憧れも捨てきれず、それがお正月、成人式、結婚式などの晴着だけに和服が使われるようになってしまったのではないでしょうか。でなければ特殊な職業の人は、いつも和服を着ていますが、それはいわばユニホームのようなものといえるかもしれません。

戦前のデパートは、きもの売場におびただしい面積をとっていて、ごく普段着の木綿ものの売場、チョイチョイ着の銘仙《めいせん》、お召《めし》、縮緬《ちりめん》類等々、種類分けになっていて、たとえば三階と四階は呉服売場というほどの面積があったのですが、今は和服をふだんに着る人がほとんどいないといってもいいので、和服売場といえば、それが訪問着売場か晴れ着、花嫁衣装の売場に限られたようになってしまいました。

それはとにかく、和服にはない洋服の良さがあるのはもちろんですが、国際的にみれば日本人には和服を着た方がよく似合うということは確かで、それが人手を借りなければ上手に着ることも出来ないほど、和服と縁遠《えんどお》くなったことは残念に思います。

最近は、自分一人できものを着たという人に「まァずいぶん器用ね。私なんかとても、とても」と、まるで、きものを着られないことが当然になっているようです。和服を着ていた時代には、無器用で自分一人できものが着られないなどという人は、一人もいなかったはずです。

それは毎日欠かせない作業ですから、私は下手だといって、きものを着ないで裸でいるわけにはゆかないし、それよりも毎日着ているので、誰もが上手になっていたようです。そして「着つけ」の時間も今洋服を着る人が、下着をきちんと整え、背中のファスナーを自分でしめられるのと同じくらいの時間で、手早く、器用、無器用に関係なくそれぞれ自分なりに、着つけていたのです。

私ごとになりますが、子供時代に母がきものを着かえている姿を想い出してみると、

「女の部屋」より　昭和45年

外出するというときに鏡の前に立って、いとも手早くサラサラと絹ずれの音とともに、アッという間に着かえ、帯じめをキリリとしめて、ポンと帯をたたき、さァ出来上りという満足感にひたった表情を忘れられません。
そして帰宅をして、普段のきものに着かえるとき、折り悪《おあ》しくその部屋に家族のものがいると、外であったことを話しながら、肌とか肌着をまったく人に見せないで、まずこれから着るきものを片方の肩にパッとかけて、スルリと帯をとき、その下で袖に腕を通し、また同じように片方の肩にきものをかけ、今まで着ていたきものを落し、事もなげにすらすらと着がえ、帯をしめ、すぐその場に座って、脱いだきものを鮮やかな手さばきで、パタパタとたたみ、タンスにきちんとしまいます。
それを私はまるで手品か奇術でも見るように、その鮮やかさに見とれたものでした。

「女の部屋」より　昭和45年

だから最近の若い人が、きものを着るとなると前の晩から興奮して、さて着るだんになると「さあトイレに行っておかなくちゃあ」に始まって、まるででくの坊のように、つっ立っていると周囲から「ハイ、手を上げて」「ホラ、グルッと回って」などと言われ、帯をギュッとしめると「ああ苦しい、苦しい」などと騒ぎたてています。そして役者が扮装《ふんそう》したような気分になり「きものは着たいけど、これじゃ何もできないわね」などと言っているのだから、以前とは大変な違いです。

その昔は、どんな働き者の奥さんでも、和服しか着なかったのだと思えば、和服では働けないというのは、どこか間違っている——つまり着馴《きな》れないということではないでしょうか。

上手に着つける、手早く着られる、帯が苦しくないなどといったことは、みんな着馴れるということにつながるのではないでしょうか。

きもののための髪型１

新春を彩る紐を飾る髪

紐といっても、この紐は和服の帯にしめる帯しめです。あの帯しめを見ていると、ほんとうに美しいのに今さらのように驚いてしまう。そして、古い伝統を誇る和服が、世界的に美しい衣服とされているのも、なるほど、と思いかえしてみる。そしてまた、この帯しめは、どんな安物でも皆同じようにその奥ゆかしさと気品をそなえているのだから驚く。

その美しい紐をその日に着るきものの色にそろえて選んで、髪に飾ってみる髪型はどうだろう。ヘアーピースにこの紐をいろいろにからませて結ってみるのは、お正月にふさわしい美しさではないかと思う。

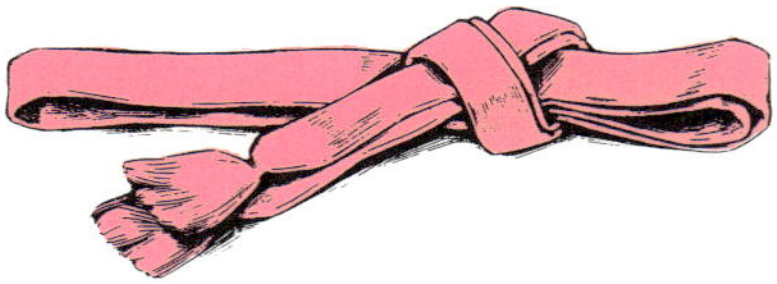

この紐を飾る髪は、和服にはもちろんですが、洋装にもよく似合うし、前髪の感じや紐の色によって若い人にも中年の人にも向くものになるでしょう。

しかし、この髪は平常着には向かないもので、いかにも晴着らしい雰囲気をかもしだすのです。それは、この帯しめというものが、髪に飾ってみると、リボンなどよりずっと重みがあって豪華だからです。

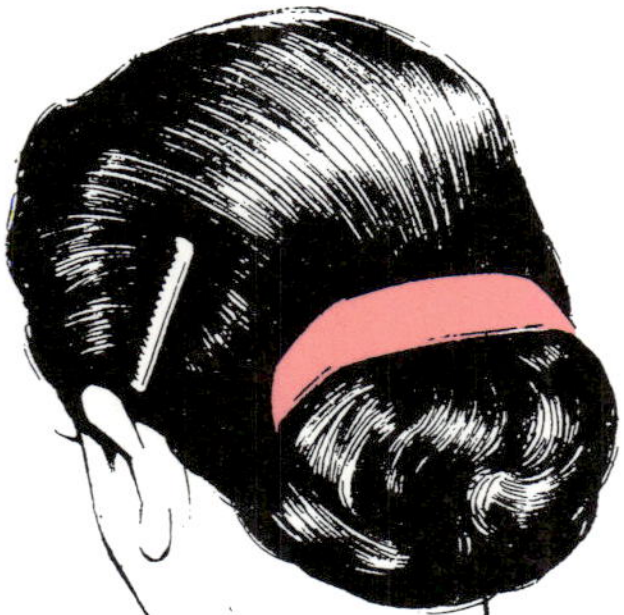

この帯しめの値段はピンからキリまであって、本絹のものにくらべて人絹のものはぐんと安いようですが、とにかく、髪に飾るものは色が一番大切なことです。それから幅のひろいものやせまいものや、いろいろあるようですが、それはそのときの気分でどちらでもいいし、それより

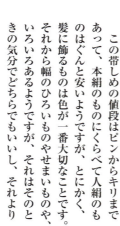

わざわざ新しいのを買いこまなくても、和服をちょいちょい着る方《かた》が家の中に一人居ると結び目がもういたんだようなものもきっと一本はあると思います。それの、まだきれいなところだけを切り取って、ヘアーピースに上手にからませて、毛の下になってかくれるところでしっかりととめつけてください。

さあ、お正月には、ぜひとも一度はこの紐を飾る髪を結ってみてください。きっとあなたの春の装いが、一段と豪華な雰囲気をますことでしょう。

少女のためのリボンを飾る髪

「ジュニアそれいゆ」表紙　昭和32年

「ひまわり」表紙　昭和27年

「ひまわり」表紙　昭和27年

「ひまわり」表紙　昭和25年

美しさを作る着つけ

もう何年か前のことになりますが、銀座の商店街が「ミス銀座」を銀座を歩く人たちのなかから選ぶという催《もよお》しがあり、七人の審査員のなかに私もいました。

ほかには、まだ生きておられた藤原あきさん、写真家の秋山庄太郎氏などがいて、審査員といっても、七人の審査員が一堂に集まるのではなく、月曜日がだれ、火曜日はだれというふうに、一日一人の審査員がいて、その日に当たった審査員が街ゆく人のなかに、これはと思う人がいたら、そばにいるカメラマンがそれを盗み撮りで、午前十時ぐらいから午後の四時ごろまで、なん人でも写真を撮り、その引き伸ばし写真を見て、月曜日の××先生の選んだ「ミス銀座」、火曜日の××先生の「ミス銀座」はこの人というふうに、「ミス銀座」の写真が街角に飾られるという催しものでした。

そのとき私は、ひさびさに銀座の街角に一日の大半を立ちつくして、道ゆく女性の一人一人を眺めたものですが、私の青年時代とくらべて最近の銀座をゆく人が、あまりエリートではなくなって、この街の若い女性も、近くの会社や事務所に働く人といった感じが多く、もう一つは、まったく予期していなかったのに、和服を着てショッピングをしているような若いお嬢さんが、意外に多かったのには驚きました。といっても、和服を着た中年の婦人も多かったのですが、はたち前後から二十代の女性が、お正月や成人式に着るようなよそおいではなく、もっとふだん着っぽいきものをスポーティに着こなして、買物を楽しんで歩く、そんな姿が洋装ばかりのなかで、いきいきと新鮮に見え、それはまったく私を意外に思わせせました。

最近の人は着つけができないはずなのに、そこで見た人はいかにも着なれたように、さっそうと着こなして「ああ、やっぱり日本人にはきものは良く似合うんだな」と私は目を見はりました。こんなふうに日本人が洋服のほかに、もっともっと気軽に和服を着るようになったら、着る人の生活が豊かに楽しくなるのではないか——日本人でありながら自分の国のよそおいであるきものに、まったく無関心なのは、自分が損をしているのではないかとも思ったものでした。

とにかく、きものを特別なものだと思わないで、まず着てみること。度重《たび》ねて着ているうちに、むずかしいはずの着つけが、ちょうど誰もが毎朝、自分の顔を、下手だからといって他人に化粧してもらう人がいないように、自分のきものくらいは自分で着てみること。これが大切なことです。昔の女なら誰でもしたことなんだから、今の人が出来ないことではないはずです。

さて前にも書いたと思いますが、着つけは洋服におけるデザインのようなもので、同

「女の部屋」より　昭和45年

A

じ模様の同じ布地でもデザインによって、ジュニア向きになったり、マダムふうになったりするように、きものは若い人も中年も、また老年の人でも同じに仕立てたものを、着かたひとつで、いかにも若々しく娘らしくなったり、落ちついた奥さまふうになったり、ちょっと粋なくろうとに見えたり、さまざまに変化するのです。

ここのB、C、E、の三枚の絵を見くらべてください。

それぞれ模様はちがいますが、柄もどれが派手、どれが地味というほどの差はないものです。しかし、この三枚の絵が着つけによって、Bははたちごろのお嬢さんに見え、Cは三十代の奥さまふう、そしてEはちょっと粋筋の女性に見えるでしょう。

もちろんヘアースタイルによって変わって見えるということもありますが、三枚とも

B

「女の部屋」より　昭和45年

C

「女の部屋」より　昭和45年

D

顔を隠してみても、やはりそのちがいはあると思います。まずBはAの絵の、こんなカラーが似合う年ごろの着かたと思ったらいいでしょう。

若々しい感じを出そうと思えば思うほど、まず衿もとを首にそってきちんと合わせてください。着ているうちに、衿もとがくずれてこないよう、まずじゅばんの衿もとをきちんと深く合わせたら、それを紐で押えてください。紐はなるべく数少なく使いたいものですが、要所、要所できちんとしめることが大切でしょう。

その上にきものを着るわけですが、半衿を細く出してキリリと前を合わせてください。裾はあまり長すぎず、これもきっちりと体いっぱいに深く合わせましょう。といっても前身頃が後ろに回るほど深く合わせるという意味ではなく、前身頃は腰骨のグリグリ位まで合わせるようにして、下身頃で調節すればよいのです。

E

「女の部屋」より　昭和45年

F

肩から帯までの間、つまり胸の部分はまったくよけいなしわのないように、きものを合わせ、紐をしめるときに、肩からなでおろすような気持ちで、余った部分は脇《わき》で全部折りたたんで、とにかく帯をしめたときに、肩から帯までの間にまったくしわのないピッタリと体に沿ったような形にします。それが若々しいのですが、このことは若い人だけでなく、きものの着つけの基本といえるかもしれません。

Cの場合は、若さを強調するという着つけではなく、少し落ちついた女の豊かさを見せるような気持ちで、Dのような衿もとを着て似合う年ごろの女性の場合で、衿もとをゆったりとぬいて着てください。といっても、衿もとはぬきすぎると、くずれた感じになるので、そのへんは着る人の好みや気分に合わせて適当にすることです。

前の合わせかたも、若い人ほど深くなく、洋服でいえばややV字形に合わせるのですが、これも度がすぎると水商売のように見えるかもしれませ

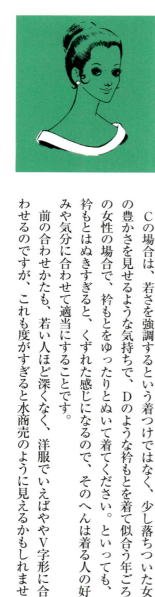

ん。帯も若い人よりは少し下めにしめたほうが、その年ごろの美しさが感じられます。帯から肩の間にしわをなくすというのは、若い人の場合と同じことがいえますが、衿の合わせかたや帯の高さがちがえば、脇にたたみこむしわというか、それから生れる線がおのずからちがってくるものです。

足にきちんときものを合わせるのも若い人と同じですが、若い人よりはこころもち長めと考えてもいいと思います。

Eは、いわゆる年増のちょっとくずれた感じですが、洋服ならば思いきって大きく胸をあけてみるように、胸もとをざっくりと見せた感じです。この場合は衿をぬくというよりも、背中をちらりと見せた感じで、衿もとも首に沿わせるという感じではなく、むしろ思いきって肩に落して着た場合です。

和服は洋服のように、肩線がないわけですが、たたんだときの肩の折りめがあるわけです。それがこうして着ると、ずっと後ろにずれてくるので、帯から上の着つけによるきものの線がまったく変わってきます。あなたが素肌にオーバーを着て、両手を背中にまわし、後ろに引っ張ってみてください。衿もとも首に沿わないように、肩のほうへ落してみてください。

そうすると後ろに引っ張っただけ前身頃は後ろにずれるし、肩に落した分量だけ袖が長くなってしまうでしょう。この着つけは、それとちょうど同じことになるわけです。

それを上手に帯の下でまとめてはいるようなものの、帯から上のきものの線が若い人とは、まったくちがってきます。そのちがいが、その年ごろやその人の生活環境から生れる美しさを見せているのです。きものの仕立ては、どんな人の場合でも同じに仕立てるといいましたが、こんな着つけをする人のきものは、最初から多少は衿ぐりを大きく仕立てたりするものですが、和服の場合は洋服とちがって、さほど大きな差はありません。

「女の部屋」より 昭和45年

それほどちがいなく仕立てたきものを、こうして着つけで衿ぐりを大きくするために、それから自然に生まれるきもののしわ、それがきものの美しい線となって、いろいろな年齢や立場の女性の美しさを作り出すのです。
だから洋服は初めに、こうと仕立てたら、たとえば中年風なデザインを選べば中年の人しか着られない。和服は一枚のきものを、着つけで中年にしたり、若向きにしたり出来るのです。

C O L U M N

和服の袖丈を揃える

ある女優さんの家で、美しい和服をいろいろ見せてくれました。

普段は洋服ばかり着ている彼女は、めったに和服を着ないのに二さおのタンスにいっぱい、びっくりするほど立派な和服が入っていました。

彼女には決まった呉服屋さんがあって、適当に呉服屋さんがみはからって、このきものにはこの長じゅばんで、この帯にはこの帯あげに帯じめ、というふうに、すっかり揃えて持ってくる。それが気に入ったら、そのままそっくり買ってしまっていたそうです。

ところが、そのきものは皆袖の長さが少しずつ違っているので、このきものを着ようと思ったときにも、サァこのきものの長じゅばんはどれだったかしら、と同じようなピンク系統のいろいろな長じゅばんのなかからそのきものと同じ袖丈のじゅばんを探しあてるのは大変なサワギになるのだそうです。

呉服屋さんも、ずいぶん無責任だし、彼女もバカげたきものの買いかたをしているものだと、あきれてしまいました。

もし、あなたが幾枚かの和服を持っているとしたら、お正月の振袖のようなものは別として、袖丈は決めて、どれも同じ長さにしてください。夏ならば問題はないわけですが、冬は長じゅばんを重ねることもあるし、羽織を上に着ることもあるのに、袖の長さが決まっていないと、きものと羽織の組み合わせも自由に出来ず、このきものにはこの羽織と決まってしまっていてはつまらないでしょう。

和服はそのときによってこのきものにこの帯、この羽織とこの長じゅばんとその時々の気分で、自由に組み合わせられるから楽しいのです。

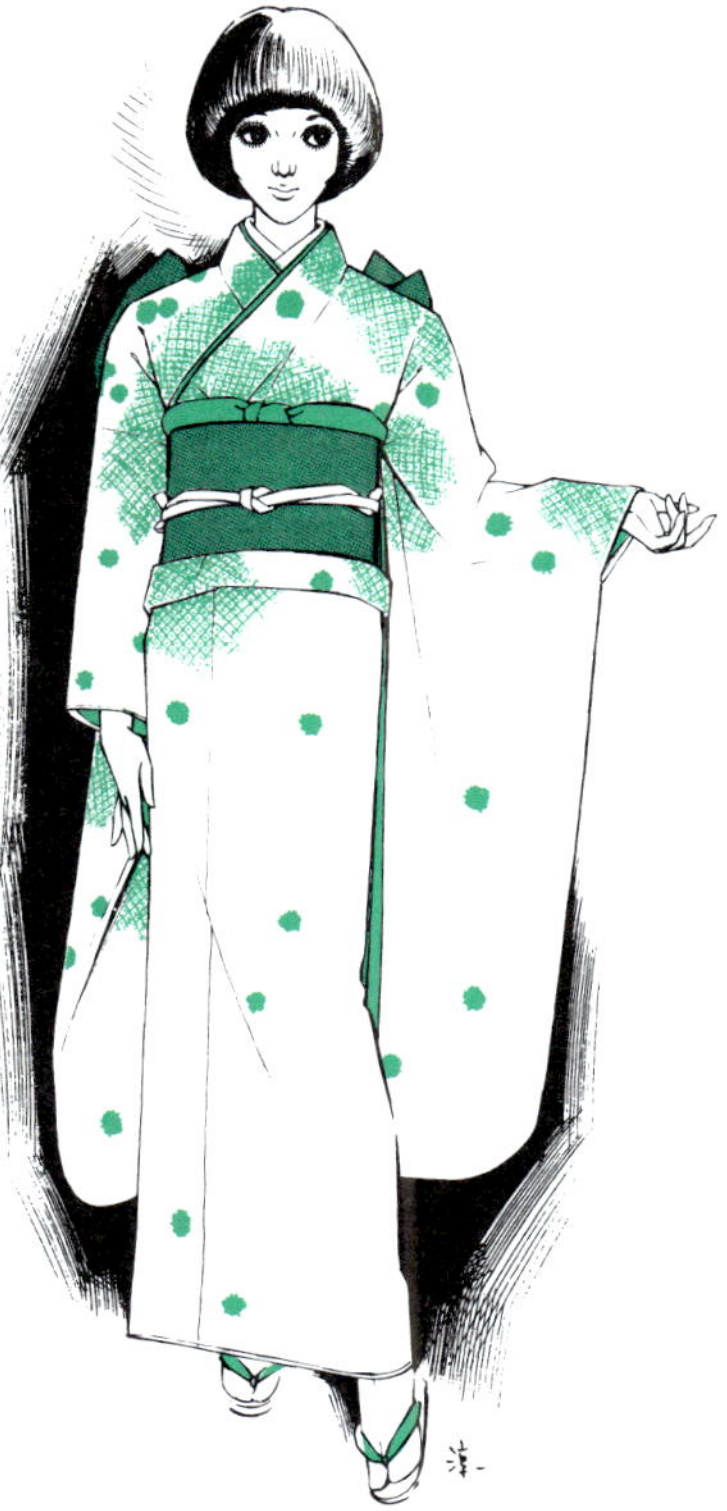

着つけの今・昔

昔のきものの着つけと、今の着つけの違いを考えてみましょう。

東西を問わず、また時代を問わず、女性がなよやかな肢体を持っていたいという心には変わりがないようです。「健康美」とか「ボーイッシュ」というような言葉が現代の女性の美の一つのタイプのようにいわれていても、それは、その人の雰囲気からくるものであったり、きびきびとした動作をふくめての美しさをさしていることで、健康ならなんでもいいいと、手足も太く、首もがっしりしていて、ウエストも太いというのでは、それを健康美とは言わないでしょう。

「女の部屋」より　昭和45年

昔と今では、物腰や動作の表現は違っていても、しなやかで、きゃしゃに見える姿が女性の永遠の願いであることは変わりがないはずです。

着つけとは、その中味つまり体はとにかく、衣装をまとうことによって、女だけのもつ美しさしなやかさ、繊細さを、中味までそうであるかのように見せる——そのテクニックなのです。

最初の絵、これは昔の着つけです。背中が見えるほど大きく衿をぬいています。つまり、衿もとから伸びた首を、いかにもきゃしゃにほっそりと見せる工夫です。

長い長いたもとに、下着、じゅばんを幾枚も重ねた重たげな袖は、袖のふりから、いろいろな色の重なりの美しさをねらっただけでなく、この袖を重たげに振るまうことが、女性をひときわ繊細な美しさに見せたといえるでしょう。

胸では帯あげをたっぷりと見せ、後ろでは帯をあふれるばかりに大きく結ぶのも、女の肢体をほっそりと見せる工夫だったといえます。

ふき（きものの裾に裏布がはみ出した部分のこと）に綿をたっぷり入れて、幅広く見せたのも裾さばきの美しさをねらっただけでなく、ちらりとのぞく白い足袋がいかにも小さく可愛らしく見えたからでしょう。

こうした着つけによって、その衣装が大きく重たげに見えるために、女はますますか細く、きゃしゃに、すんなりと見えたのでしょう。

今でも花嫁衣装などには、そのテクニックが残されていますが、成人式の振袖姿（次頁の絵）などでは、衿も細くのぞかせて、帯の帯あげもすっきりとまとめ、ふきの綿も薄くなり、昔の衣装が曲線的であったのに対して、今はピッタリと体の線を見せ、そこに女らしさを強調した着つけといえるでしょう。

戦前の若い女性は、女学校を卒業して制服生活に別れを告げると、誰もが和服を主に着ていたものです。そのころは振袖ではなくても、今見ればほとんど振袖かと思われるほど——八十センチ前後もある長い袖のきものを着ていたものですが、戦争中に簡素な

「女の部屋」より　昭和45年

生活が叫ばれ「長いたもとは切りましょう」というおふれが出て、半ば強制的に袖を短く切らされたのです。

　当時は、それが寝まきのように見えて、サマにならないと思ったのですが、終戦になって、やれやれと、タンスにしまってあった長い袖のきものを、ほっとした気持ちで着てみると、日本中が焼けただれていたようなあの時代では場所柄も考えず、大げさな身なりをしているように見えてぶらぶらぶら下がっている袖が奇妙に感じられ、どうしてこれが良かったのか不思議に思えたくらいでした。つまり日本が戦争をしている間に、社会情勢が変わると共に、美に対する考えかたも変わってしまったということでしょう。

　それ以来、年齢を問わず、袖は短いのがふつうになり、長い袖は晴着としてだけ着られるようになりました。最近はきものといえば、晴着としてしか着ないために、長い袖を見る機会も多くなりましたが、普段のきものは短い袖で、洋装の中にいても大げさに見えないすっきりした姿でありたいものです。

中原淳一
きもの画コレクション

祭の宵

三味線

花かご

絵草紙

帯

姉様人形

娘十二ヶ月

一月　鹿子帯

二月　如月の雪

三月　紅屋

四月　三味線

七月　七夕

五月　願い

八月　影

六月　蛍

十一月　鏡

九月　雨

十二月　雪

十月　浮世絵やの娘

衣ぬうひと

便箋表紙

啄《たく》木《ぼく》かるた

「啄木かるた」より抜粋

春をまつふたり

春・乙女と花と人形——椿

便箋表紙

トランプの占い

きものの柄

きものの柄というものは決まった柄があるわけではなく、柄を考案する専門家は絶えず今までになかった新しいものを、と苦心していた。時の移りによってそれらも流行遅れとなってすたれていったが、そのなかでまるで基本とも思えるように何度もくり返されてきた柄がある。そのようにいまだにくり返されて残っているというのは、いつまでも愛される良さをもつからだろう。洋装の流行もたびたびくり返されては巡っているが、そのたびにアップ・トゥ・デートなものに変わってよみがえってくる。ただその感じが昔のものを取り入れてあるのだ。日本の柄にもそういうものがある。例えば代表的なものとして、麻の葉、井げた、矢絣など何度もくり返されているが、時代によって大柄や小柄になったり、色彩が変わったりしている。ここにあげた四十余種は、大体そういった風な代表的な柄ではないかと思う。その時々によって流行の柄が新しく生れることもあるが、ここにあげた模様がその時代の感覚にふれて再び生れてくる場合は、流行を超越してまず無難なものとして考えられる。今ではこんな柄は日本のきものの基本みたいなものになって、切っても切れない馴染ふかい柄である。まだこの他にもかなりそうした種類のものがあるが、ともかく今はこれだけ描いてみた。この頃の若い人には、きものの柄の名などほとんど知られていないだろうから、参考までに見てほしい。

1 こごめざくら
小柄な方が良い。大きくなると花の白い部分が多くなってこの味をこわすし、地味になる。

2 げんじぐるま
帯によく使われるが、きものに使っても良い。あまり小柄ではこの感じが出ない。

3 なりひらびし
きものにも羽織にもまた帯にも使われる柄。粋な感じではなくて上品な柄。

4 やぶれなりひら
なりひらびしが破れたようなのでやぶれなりひら。公卿の装束などから得た模様。

5 げんろく
市松ともいう。浮世絵にもよくある柄だが、近代的な味にこなすことも出来る。

6 あさのは
江戸時代の町娘の衣装によく見られるもの。女らしいやさしい美しさをもっている柄。

7 棒じま
幾色あっても同じ幅が並んで通っているものを棒じまという。粋にも近代的にもなる。

8 ぜにがた
一文銭の形。小紋のように小さいと渋いものだが、大柄になると童話風な感じがでる。

9 しきまつば
日本風な美しさで、地の色しだいで派手にも地味にもなる。裏地などにも使われるもの。

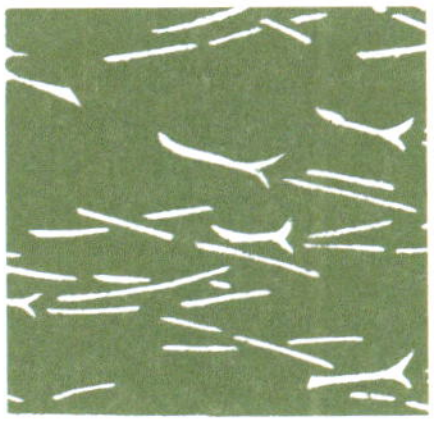

10 かめだれ
水がめから垂れた水の美しさを模様化したもの。すがすがしい夏の着物などに良い。

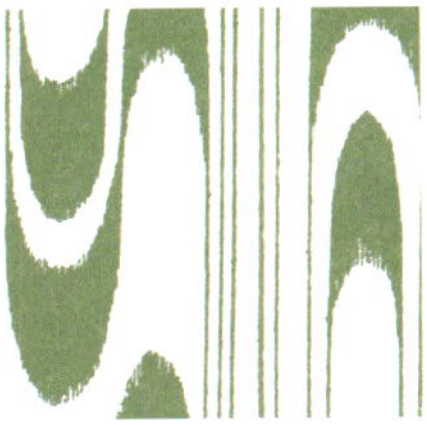

棒じまのきものにげんろくの帯　昭和17年頃

11 きり小紋
どんな模様でも、きりであけた穴のように点々で描いた模様だからきり小紋という。

15 さめ小紋
きり小紋の点々が全体にひろがって、まるでさめの肌のようだからさめ小紋という。

17 きっ甲
亀の甲羅を図案化したもの。帯地にも着物地にも近代化されて使われている。

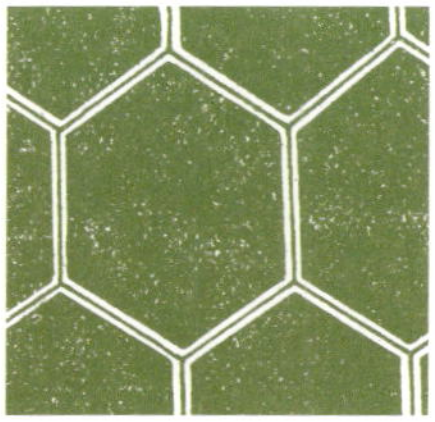

12 さや形
綸子の地紋などには最高といわれる。小さくても美しいが大柄になると益々冴えた美しさ。

16 こもちじま
太い線と細い線とが一対になって流れているから、まるで親子の縞みたいだと子持じま。

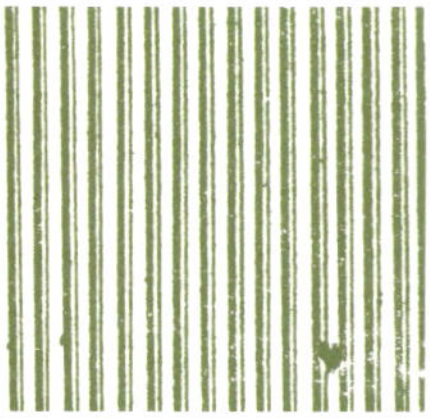

18 たきじま
一方から段々に細くなり滝水の落ちる感じの縞。色彩が段々薄くなってゆくのを夜明け縞。

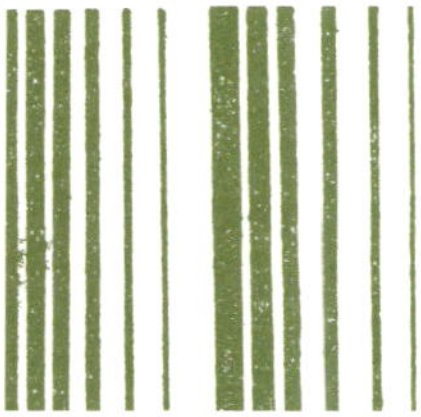

13 立わく
わくの中に花菱の模様があるのを菱わく。雲の形のあるのを雲わくといい気品のあるもの。

14 手づな
馬の手綱からきたもの、二色が斜めの縞になる。これを崩して新しい模様も出来ている。

あさのはの半衿

昭和15年頃

19 青海波（せいがいは）
おだやかな海面の波を図案化したもので、近代的にはなりにくいが、古風な味を楽しむ柄。

20 一本どっこ
帯でも着物でも一つの幅に一本ある縞。お召の着物や博多の帯によく見うけられるもの。

21 かんぜ水
水の流れを形どったもの。従って夏の着物に多く、浴衣などにも見かけられる。

22 大小あられ
大小の水玉。水玉は洋服の柄のように思っていたが、日本には昔からあった。

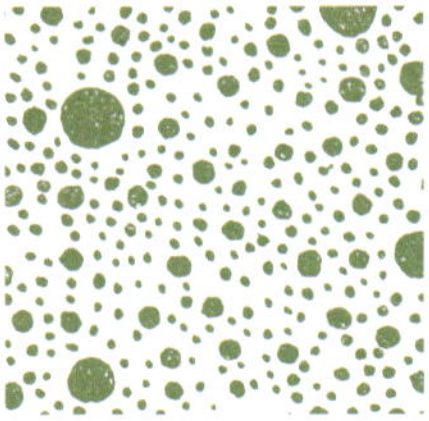

23 むじな菊
小柄のような大柄のような、小紋。色彩によって十代から五十代位まで着られる。

24 矢がすり
昔は御殿女中が着たが、今は若い人の着物に多く見られる。お召や銘仙の普段着に多い。

25 らんたつ
太い線を中心に左右に二本ずつ細い線が並ぶ。田舎縞のようだが着手と着方で洒落たもの。

26 香の図
これも、地紋などに見うける柄で、この柄はこれだけを生かさないと他の柄と結びつき難い。

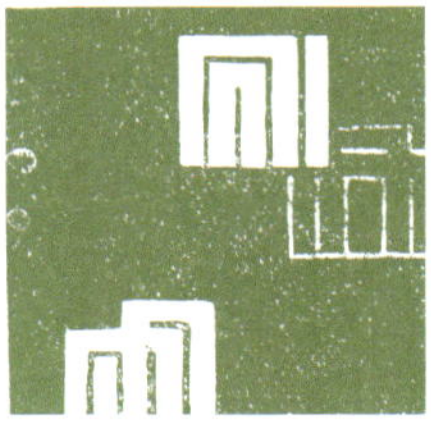

27 ひった
絞りから生れた柄で女らしい艶やかさ。色を地味にして年寄むきにしても同じ効果がある。

28 菊三島
先代菊五郎の茶碗についていた模様を、そのまま染めた柄が今につたわっている。

こごめざくらの帯　昭和15年頃

げんろくのきもの

昭和15年頃

33 千すじ万すじ
千すじとも万すじともいい、糸が一本おきに織れているような縞。無地のように見え洒落たもの。

34 しょうぶ
しょうぶの花からきている柄で、男の柄。羽織の裏など。花のないのを葉しょうぶという。

29 爪しょうぶ
この絵のように爪の先の丸いものを丸爪しょうぶといい、角のあるのは角爪しょうぶ。

31 小弁慶
弁慶縞のやや小さいもの。粋なものだが、洋服地にもなるようなハイカラな味も出せる。

35 井げた
井戸のわくの図案化したもの。かすりに多く用いられる。素朴な味のあるもの。

30 みじん
弁慶縞の小さいものをみじんといい、青いのを藍みじん、茶のを茶みじんという。

32 大弁慶
弁慶縞の大きいもの。夏ものの明石など清々しい。藍が藍べんけい、茶が茶べんけい。

36 うろこ
帯などによくあるが、蛇のうろこを形どったもので、粋な半てんなどにも使っている。

37 下りふじ
藤の花の模様化。したがって藤の花の咲く頃にかぎられる柄。帯にもきものにも使える。

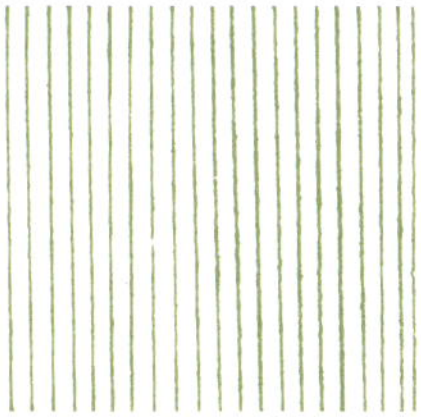

38 大名じま
細い縞のものだが間隔がやや広くも狭くも大名じまといい、紅なら紅大名、藍なら藍大名。

39 蜀江（しょっこう）
蜀江の錦からきた柄。着物には固すぎて感じがでない。丸帯など儀礼的なものには最上。

40 うらうめ
梅の花をうらから見たところに面白さがある。表ほど華やかでないが、表より洒落ている。

41 蚊がすり
白地に蚊のような小さい十がすりのこと。夏の男ものの、木綿や麻や上布などにある。

42 一本引十がすり
細い十がすり。蚊がすりよりはあらい。こんな着物に赤い帯など若いひとに良いであろう。

43 男の十がすり
男の木綿の紺がすり等にある十がすり。ちょっとした違いだがこのかすりは女の優しさがない。

44 女の十がすり
少し大きめの十がすりを女の人が着ると、花模様より洒落て美しいことがある。

青海波のきもの
昭和15年頃

淳一が描く

きものの柄と色

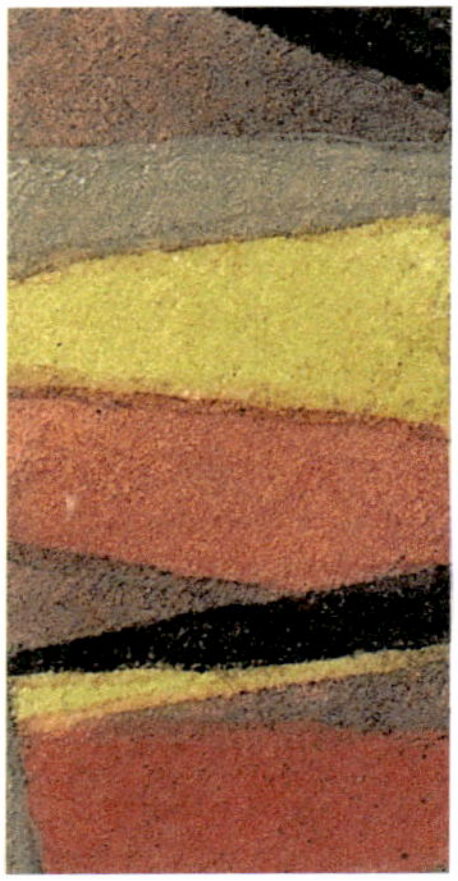

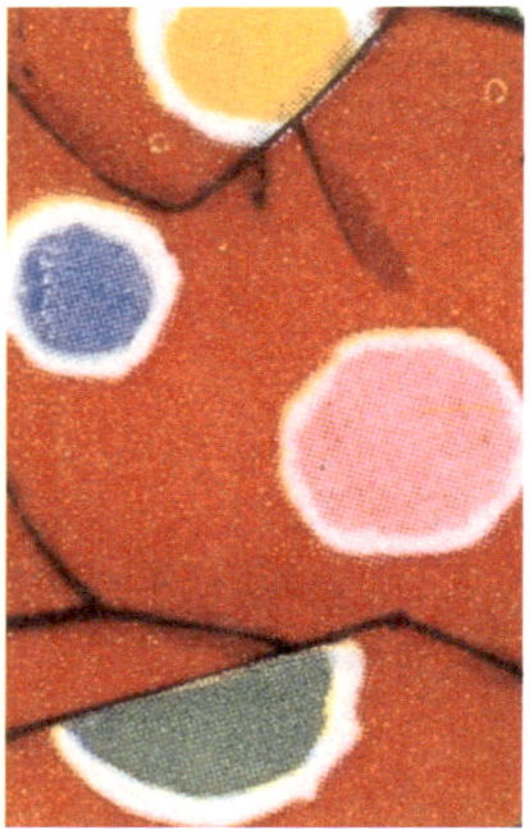

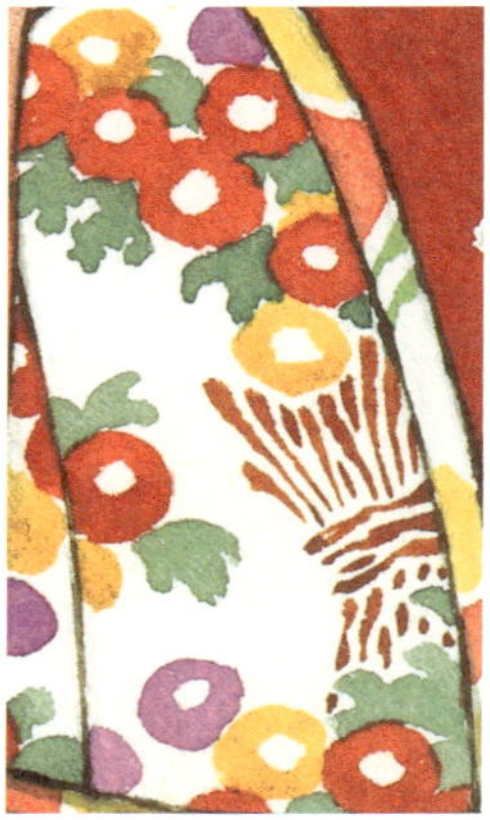

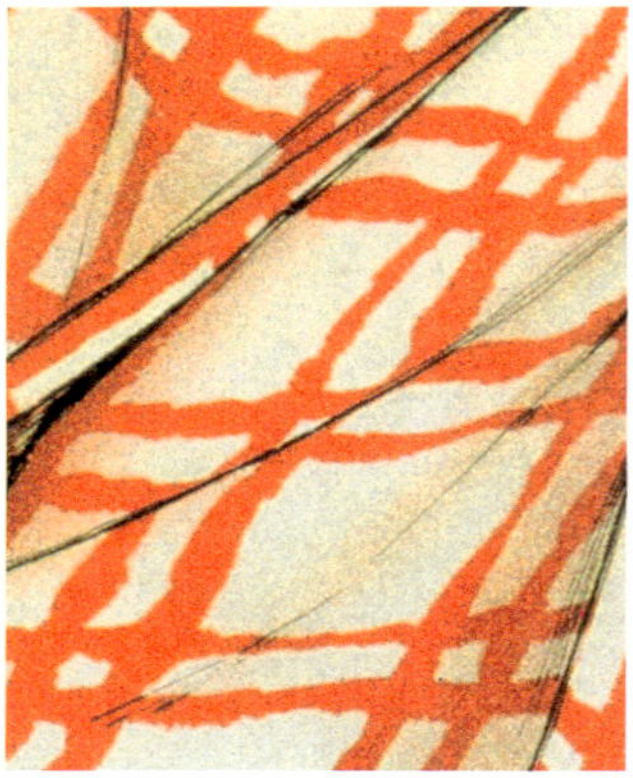

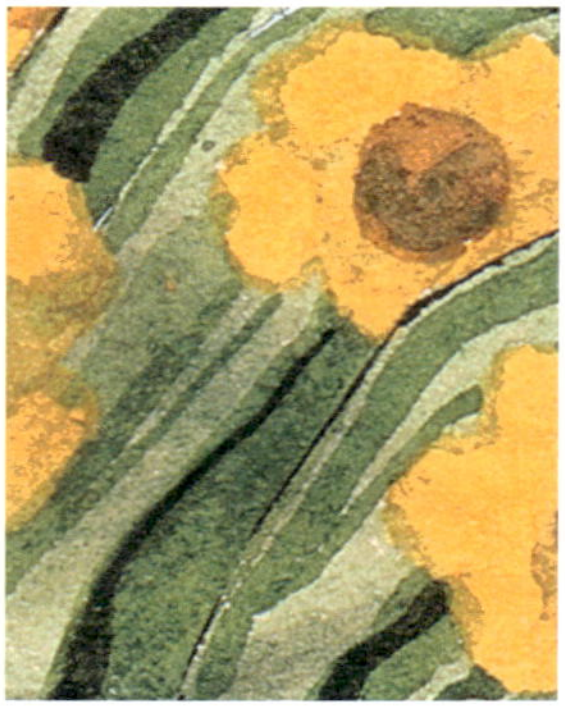

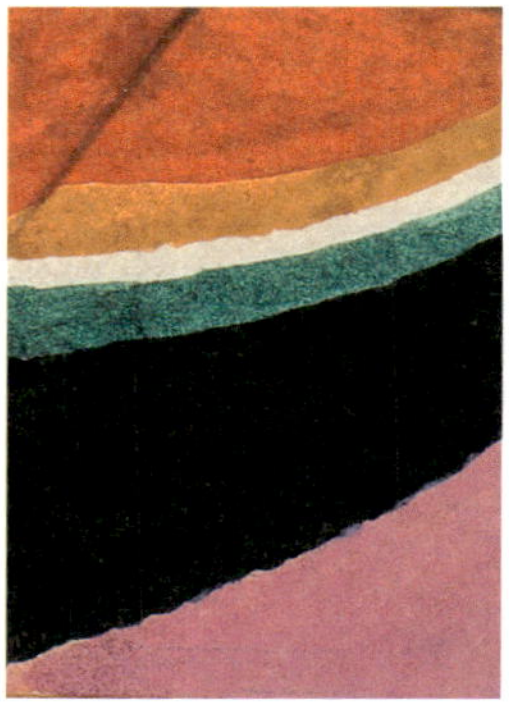

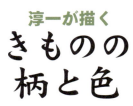

COLUMN

きものの色

和服は、きものにも帯にもいろいろな模様を描いたものであったため、一枚のきものにも何十もの色が使われ、また帯にもたくさんの色が使われておりました。

だから、どのきものにどの帯をもってきても、その帯の色に使われているどの色かが着物のなかのどの色かに合ってゆく、ということになって、「色と色を合わせる工夫」というよりどの柄にどの柄を合わせるかということの方に主力がそそがれていたようです。だから、洋装をする場合に、西洋の婦人にくらべて日本の女性は「色」に対しては無関心であり、色と色とを組み合わせた場合に、全く思いがけなくそこに生まれ出る美しさ……ということに知識がなかったともいえます。

といっても、それは昔のことで、今の女性はそんなことはないのですが、それでもまだまだ研究の余地はあるように思います。

昔の日本の女性は、「色」の取り合わせはとにかくとして、美しい柄を選ぶことにはすぐれた目をもっていたし、きものと帯との取り合わせの効果も知っていました。

古い日本の絵を見ても、その取り合わせの美しさにドキリとさせられることもしばしばです。だから、今の女性は、それに代わるものとして、「色と色との取り合わせ」の効果をもっともっと知ってほしいものだと思います。

きもののための髪型2

自分で結いましょう はつ春の髪

すがすがしいお正月だけは日頃のワンピースやスーツを脱ぎすてて、赤いてがらやかんざしなどをあしらって和服の情緒にひたってみるのも、日本に生れた女性の味わえるよろこびといえよう。

ところが大晦日の美容院ときたらまるで戦場のようなさわぎ。よほど前から申し込んでおかなければ、おいそれとは結ってもらえないし、朝から順番をとらなければゆっくり除夜の鐘も聞けず、美容院で年越ししてしまう始末だ。

あわただしい年の瀬に、髪のことで想いわずらわずとも、今年のお正月の髪は自分で結ってみてはどうだろう。毎日の通勤の髪にほんのちょっとだけ日本髪の型を匂わせて……。

1

a　やっとつまめるぐらいに短い髪でも、摑めるだけとって結わえておく。

b　根までとどかないまわりの短い毛をまげの大きさにとり、根の方へよせながらスズランどめでおさえ、まげの下地をしっかりつくっておく。

c　ヘアーピースを二つおき、その間にこうがいをおいて、それが動かないようにまげのまわりを、大きめのヘアー・ピンでしっかりとめる。

d　ヘアーピースのつぎ目をかくすように、てがらをこうがいに引っかけて結び、端は恰好よくからませて、見えないようにはさみこんでおく。

e　小さい花を真中はやや低く少な目に両方の端をもり上るように、こんもり飾って出来上り。衿足のおくれ毛はわざと残して味をもたせた。

2

普段洋服を着てくらしている若い人もお正月にはきものを着て日本髪を結い、誰でもが皆日本の女にかえってしまうような習慣が戦前はもちろん今でもあるようだ。そして、お互いにきものの美しさをみとめあい、洋服を着ていたときには気づかなかった、その人の思いがけないういういしい美しさを発見しておどろくものだ。

a 横の髪を短く切ってしまったカットを生かした髪型。短い前髪は顔に似合うように適当に型づけておく。

b 後ろの長い髪の根をとって、ポニー・テールのようにゴム紐でしっかり結ぶ。横の髪も、自分の顔に合わせ適当にカールしてくせづける。

c 長く垂らした毛は二つに分け、まず上の毛に、少ししゃぐまを入れてふくらませながら巻きこみパラパラにならぬようしっかりとめる。

お正月に日本髪を結うという習慣が今よりもっと盛んだった昔には、大晦日をひかえた一週間位前から、デパートやオフィスでちらほら日本髪を結っている女の人たちを見かけたものだった。これは、パーマネントをかけた髪は、急に日本髪を結うことはできないので、ちぢれた髪をビンつけ油でべったり伸ばして、少し前から結いならしておかなければならなかったからだ。ただでさえ忙しい暮に日本髪など結っていたのでは重いばかり。そんなにしなくても簡単に自分の手で結える髪で、お正月らしい雰囲気を充分味わうことが出来る。

お正月の髪といって美容院でやっとの思いで結ってもらっても一晩寝れば無惨な形になってしまうのでは気が気

d　下も同じように巻きこむ。一度に巻きにくいときは二回に分けてした方がやり易いが継ぎ目をきれいに。髪が多ければしゃぐまはいらない。

3

e　まげの間に小さい花をこぼれるように群がって飾り、かんざしを一本さして出来上り。小花の代りに両脇に大きな花を一つずつつけてもよい。

a　2と同じ条件の髪だが、ぱらりとした感じにカールしないで、ぴったりなでつけたようにまとめてくせづける。

ではないだろう。かといって、晴着を着ているのに髪だけはお勤めのときと同じというのも味気ない。

ここに紹介したものはいずれも、ほとんど普段の髪をそのままで、ただちょっと鹿の子や花をあしらってみただけのものだから、別に専門的な知識も、道具も薬品もいらない。ピタッとローションで固めた髪よりも、かえって現代の感覚にふさわしい。鹿の子や、花やかんざし等お家にあるものをちょっとあしらってみればよいのだから、たとえこわれても、すぐ結うことも出来る。お正月の髪のことでノイローゼ気味の人たちの憂鬱は解消するというもの。お家の人や友達同士で互いに結ってあげるのも楽しい。

b ポニー・テールのように根を高くとってまず、ゴム紐でしっかり結わえた後その上にさらにてがらを結ぶ。このとき輪の方を長くしておく。

c 後ろの長い毛を二つに分け、交叉させるように互に反対側の手がらの輪に、端がのぞくようにしてかけ、まずその部分だけとめておく。

d 左の毛を右のてがらに、右の毛は左のてがらにかけたら残りの毛は後ろへまわす。

e 毛先を適当な位置に巻いて形よくとめつける。衿足のおくれ毛は細い毛ピンで目立たぬようとめ、かんざしをさして出来上り。

a　前髪も短く、後ろの髪もさして長くはなくパーマがかかってない髪。おくれ毛はチックでおさえる。

d　しばった毛先に大きめのヘアーピースをのせ、まわりをヘアーピンでしっかりとめつけ、同じかんざしを四本さす。まげのまわりに小さな花をかざってもよい。

4

b　前髪だけとってあとは全部後ろにやや高目にとかしつけて根をしばる。とどかない毛はかき上げてすずらんどめでていねいにおさえる。

c　前髪はおろしてもよいが、パーマがよくかかっていない時は、上にふわっとかき上げて形よくまとめる。毛先はおくれ毛どめでおさえる。

5

a 後ろは根を低目にとりゴムでしばる。横の髪をわざとのこしたのは両わきをふっくらとふくらませたいため。

b のこした横の髪はふくらませ加減に後ろにかき上げ、すずらんどめでおさえる。好みによっては、逆毛を使ったりしゃぐまを入れても。

c しばった毛先をまとめその上にヘアーピースをのせヘアーピンでしっかりおさえる。横の髪をピタッとおさえた方が似合う人はそれでもよい。

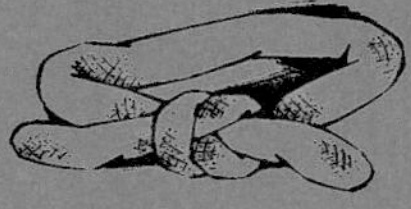

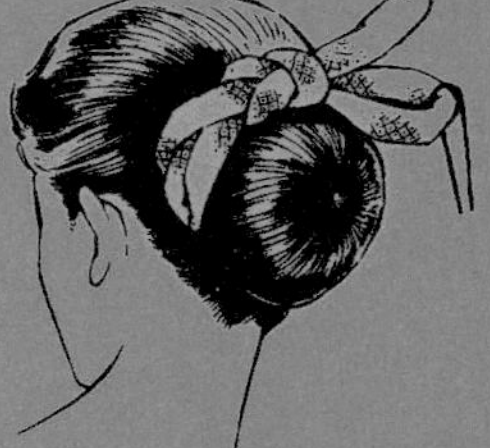

d てがらをゆるく結び、まげの上にのせる。てがらの両はしの輪に大き目のヘアーピンをさし、まげにとめつけ、形よくまとめ始末する。

e てがらの両端の下に同じ色のかんざしを二本さしこんで出来上り。

前髪は無造作に前にたらした。

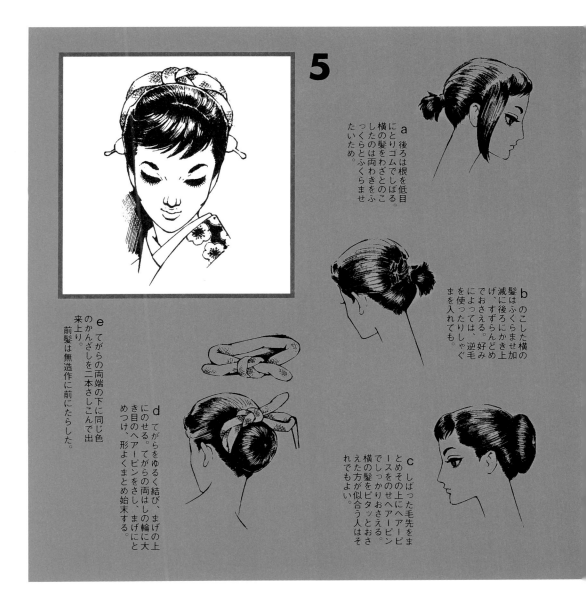

自分に似合う着つけ

ある年の正月、私のところによく訪ねてくる、働く若い女性のグループが五、六人で遊びに来てくれました。そのなかの一人、Aさんは訪問着を着ていました。Aさんは小柄で、ひときわきゃしゃな身体つきの人でしたが、訪問着姿のその日のAさんは、顔に似合わず体が太って見えたので「Aさん少し太ったんじゃない?」と思わず私は聞きかえしました。

Aさんは、なぜそんなことを聞かれるのかしらと不思議そうな表情で「いいえ、ちっとも太らないんですよ」と答えたのですが、まわりの皆も「あら、私もきょう会ったとたんに、太ったなと思ったわ」とか「いっぱい着こんでいるんじゃないの?」などと口ぐちに言うのでした。

それで私が「着つけが悪いのかな?」と言うと「あら、いやだわ! これでも朝、一時間くらいかかって、エンショエンショと帯をしめるやら、なにやらで大騒ぎをして、やっとここまでこぎつけて、自分じゃ相当うまく着たつもりで出てきたんですよ」とアパートに一人住まいのAさんは、笑いながらも、いかにもくやしそうだったので、その光景がありありと見えるようで、皆が笑ってしまいました。

「もし、あなたがいやでなかったら、皆の見ている前で着つけの見本を示しましょうか」と私が言うと「ええやってください」と、意外なほどにAさんは張りきって帯をときはじめたのでした。そこで私は解説つきで着つけをはじめました。まず最初に肌じゅばんの衿もとをきちんと整えて軽く紐でしめ、次に長じゅばんの衿を好みの程度にぬき、ピチッと衿を引っぱるようなかげんで前を合わせて、もう一度紐でしめるのですが、こ

ほっそり見える着つけ

太って見える着つけ

「女の部屋」より　昭和45年

のときに肩から紐の位置まで、つまり胸にむだなしわがいっさいないように整えること。きものは、まず袖を通したらおはしょりをするのですが、後ろ裾をちょっと上げかげんに、つまを少し上げかげんに、踏みかげんにして、きものと体にすき間がないように、きっちり巻きつけるようにして紐をしめることなど、実演してみたのです。

出来あがってみると、Aさんはやはり少しも太っていず、小柄でほっそりしていて、今まで着ていたきものと同じものとは思えない、柄やきものの質が違って見えるほど、すっきりとしたAさんになったので、みんながワァッとばかり拍手をしました。Aさん少々照れぎみで、ちょっとモデルのするようなポーズをしてみせたのでした。

そして「自分で着るとグサグサして気持ちが悪かったけど、こうしてきちんと着てみると体が軽くなったようで、すごく良い気持ち」と満足気に、「大きな鏡で見たいわ」と騒いでいました。

とにかくきものは、ピチッと、そしてすっきりと着てやろうと心得てください。そして何度も何度も自分で着ているうちに、自分にどんな着つけが一番似合うかを自然に覚えてしまうのです。

振袖の話

いつだったか、ある奥さまが、一人娘のお嬢さんに和服を買って与えるのが、とても楽しみだというようなことを話しておられました。

「洋服もようございますけどね、あれがほしい、これがほしいと申しますので、買ってやりましても結局、流行はつぎつぎに変わりますすもんですから、もう着ない服がいっぱいあって、それじゃ普段着にしたらと提案すると、『だって型が古いんだから、普段だって着る気ないわ』なんて申します。ものによっては、洋服はお安いものもありますので、経済的なように思えますが、ああ、つぎからつぎへと着られない服ができましてはね……」とおっしゃって、その奥さんは、一人娘のために作ったきものを五、六枚取り出して私に見せてくれました。

「袖はみんな元禄に仕立てるんですけど、これ一枚だけは振袖なんです」と言って見せてくれたきものを見ると、なんということはない、ちょっとしたよそゆき程度のきものでした。

私などは振袖と聞くと、あの床までとどくほど長いたもとの、和服の最高の晴着のことだと思っていたのに「振袖、振袖」と何度も、その奥さんの口にする、そのきものが、どう見ても振袖ではないので、この奥さん、一体何を言っているんだろうと、こちらがまごまごしてしまったわけです。そのうちに、私はハッと気がついたのでした。

最近は、若い人でも、袖はあまり長くしないのが、あたりまえになっているので、その奥さんにしてみれば、少し長めに作ったというだけで、「振袖、振袖」といっているのがわかったのですが、これくらいの袖丈なら、この奥さんが若いころには、普段に着

「女の部屋」より 昭和46年

た袖の長さではないかと思うと、どうしてそのきものを「振袖」と呼んでいるのか不思議でならなかったものでした。

ほんとうの振袖とは、袖丈が一メートル近くもあり、床にすれるほどの長いもので、今では花嫁衣装にそれが残されている……いえ、最近の花嫁なら、もう少し短い中振袖を着る人も多いようです。

前にも書きましたが、若い人の袖が短くなったのは、戦争のとき「戦気昂揚《こうよう》」、つまり戦う闘志を、湧きたたせるための政府の手段の一つとして、若い娘が長い袖をひらひらなびかせているのは、もってのほかということから、今の短い袖になったわけです。

まだ、私が幼かったころ、姉たちが女学校の寄宿舎に入ってしまったので、母は男の子である私をつかまえて、男の子にはカンケイない話をしばしばしたものです。その話のなかで私が今も覚えているのは、ほんとうの振袖というのは、床をするほど長いたもとで、その重たげな袖が、なんとも豪華で美しいということ。だから小柄な人は、振袖だと床をするので、袖を軽く手に一巻きして、支えるように歩いて、それがまた、なんともいえず華やかで愛らしかったということなどです。こんな母の話が、後の日に、私が長いたもとの日本娘を描くとき、大変役に立ったような気がします。

最近の学校の卒業式やお正月、成人式などに着る振袖といわれているのは、ほんとうの振袖ではなく戦前なら中振袖といわれていた長さのものが多いようで、中振袖は膝からかかとまでの中間くらいの長さのもので、時代的感覚からいっても、花嫁衣装以外は、それくらいがちょうどよい長さなのかもしれません。

振袖といえば、今では結婚式のお色直しに着るもののようになっています。つまり、結婚式のときには、純白のウェディングドレスで、お色直しは、色ものの振袖に日本髪のかつらをかぶるというのがおきまりのようになっていますが、ウェディングドレスではなく和服ふうに考えると、結婚式に着る振袖は、必ず黒地の裾模様で、披露宴の途中でお色直しに入るのですが、そのときに着る振袖は華やかな色の地に模様のあるもの。だから「お色直し」というのです。

今のように、洋装から和服に着かえるのなら「お色直し」というよりも、和服直しというべきかもしれません。ところで、お色直しといえば最近は、たいてい一回ですが、戦前は三枚も四枚も変える習慣があり、その枚数の多いほど豪華な花嫁として、人々は目を見張り話題にしたものでした。

そもそも振袖というものは、元来、娘のときにだけ着るものであって、たとえ十六、七の若さで結婚したとしても、人妻は絶対着ないものとされていたのです。現在でも、人妻が振袖を着ることはあまり見かけないようですが、振袖にはこんな伝統的な考えかたがあるからかもしれません。

だから、お色直しという習慣は、親が「娘である最後を飾るために」また「娘の日に訣別《けつべつ》する最後の日に、二度とないあでやかな姿を多くの人に見てもらいたい」という、悲しいほどの願いをこめたことから生まれた習慣なのです。

今の若いかたには知らない人も多いと思いますが、現在生きておられたら、もう九十歳に近いお年のはずのかたで、三浦環《たまき》[※1]という名のオペラ歌手がいたのです。三浦さんは、大正初期にヨーロッパへ渡り、ヨーロッパからアメリカまで『お蝶夫人』を二千回も演じて、世界の三浦環として名をとどろかせた人です。五十歳を過ぎたころに帰国してからも、少しも衰えを見せずあでやかな姿で『お蝶夫人』を演じ、人々の喝采を浴びたものですが、この人は六十二歳で亡くなるその日まで、振袖を舞台以外でも着つづけました。

「私は、永遠にお蝶さんよ。だから今でも十六でなきゃいけないの」と言って、あで

蝶々夫人　昭和9年

やかな振袖を着つづけた人なのです。お亡くなりになる前に数ヵ月の入院生活の間も、華やかな縮緬《ちりめん》の長いたもとのじゅばんをきて、病院のベッドで寝ていました。

もっとも、この人は長い海外生活で振袖を外国風に考えれば、イブニングドレスとして考えていたということもあったでしょう。〝海外〟といえば、今パリで活躍中の有名な画家※2荻《おぎ》須《す》高徳《たかのり》氏の夫人も大変美しい人でしたが、この人は三浦環さんとは違って、家庭的な女性ですが、だんな様のお仕事の関係でお呼ばれの席に出られるときには、外国人は、日本のきものの晴れ着は優雅な振袖なのだと思っているので「やはり私も振袖を着るんですのよ」と、白地に墨絵のような古代模様の振袖を見せてくれたことがありました。もっとも、これはもう二十年前もの話で、いまも荻須さんの奥さまは、やはり振袖をお召しになるのかどうか、それはわかりません。

それはさておき、今はもう、振袖を着るのは「娘であるしるし」ということを知る人も、少なくなった……いえ、なくなってしまったと言ったほうがよいかもしれない時代です。だから、それほど昔のしきたりにこだわらず、結婚後でも、そのきものが似合う若さのあるまでは、既婚、未婚に関係なくお呼ばれなどのときには、大いに着るべきだと私は思っているのです。

たとえば、借着で結婚式をした人なら問題はないのですが、結婚の披露宴のために、高価な美しい振袖を親に作ってもらっているのに、それをお色直しで着ている時間はほんの三、四十分だけ、というのでは、いかにもモッタイないではありませんか。結婚後も、赤ちゃんがなくて、まだそのきものが似合うのなら、お呼ばれの席には、そんなことにこだわらず、大いに着て、悔いなく振袖を着つくす習慣を、これからの日本では作るべきだと思っています。

編集部注
※1 三浦環（一八八四―一九四六）
※2 荻須高徳　（一九〇一―八六）

C O L U M N

和服はいつでも新しい気持ちで

人間はいつでも、誰でも、新鮮なものをもとめている。どんなに美しいものでも、そればかりを見ているのではあきあきしてしまうものです。洋服に次々と流行が変わってゆくのはそのためで、一つのものにあきては次のものを求めてゆく人間の気持ちが「流行」を作ってゆくのです。しかし和服にはそれほど流行の波がないのです。

それはどうしたわけかというと、和服の習慣は今すぐ必要だというのではなくても、手頃なものや好きな柄のものが見つかったときにそれを作っておくので簞笥の中にはいつの間にかいっぱいのきものが出来る。その中から今着たいと思うものを取っかえ引っかえ出して着ては、その時々に流行のものを着るような新鮮な気持ちになるのです。

好きで買ったきものが一枚一枚ふえていって、いつの間にか簞笥の中にたまってゆく。

「さあ今度はどのきものにどの帯を組み合わせてみようか」と、もう三年も四年も前に作ったきものを全く新しい気持で楽しむことが出来るのは和服だけのもっている喜びだ。洋服なら四年前に作ったアフターヌーンドレスはとても晴れ晴れした気持では着られない。

ほんとうに気に入って、すっかり感激してしまったようなドレスでも、一年たってしまってはもうさほどではない。次々に流行おくれになるので、洋服は数がたまってゆくというようなものではないが、和服なら十七、八の頃に作ったものから三十過ぎて作ったものまで皆ひき出しの中にたまって、いつまでも生き生きとして女心をときめかす。

きもののための髪型3

晴着の時の花を飾った髪

日ごろ洋服ばっかり着ている人には、和服を着ることがまるで時代劇の扮装でもするような、錯覚におちいるらしいけれど、和服を着たからといって、特に日本髪風に結い上げることもないでしょう。晴着としてきものを着た時には、ふだんよりも華やかなヘアースタイルにすることは、きものとの調和をとる意味でも、また、気分の上でも当然ですが、この三つのヘアースタイルは自分で、櫛とピンだけで結いました。

そこにその日に着るきものの色とか模様に調和するブーケを飾ったもの。赤い芥子《けし》の花と白いマーガレット、バラ一輪でも、また小花を集めたブーケでも……。これは和服の時だけではなく、マキシのドレスを着たときにこんなヘアースタイルをすると、あなたはいっそうロマンティックな雰囲気になるでしょう。

A

右の絵の髪型

①髪を額から二等分にし、きちんとブラッシングをする。②横と後ろに髪の流れを分け、後ろの髪は上を2/3、下を1/3くらいの分量に取り分け、下の髪は根をとってゴム紐でしばっておく。上の髪は根もとの方から逆毛をたててふくらませておく。③逆毛をたてた上の髪と下の髪をまとめ、図のような下ぶくれの形に整えてしばる。④左右に分けた横の髪も、それぞれ根の方から逆毛をたてる。⑤耳を半分かくすように横の髪をゆったりと後ろにもってゆきピンでとめる。

1

2

3

4

5

⑥前から見ると、下の方がふっくりとひらくような感じになるように。⑦後ろに集めた髪は毛先をカールさせ、いくつかのカールを作る。⑧リボンは六つの輪ができるよう等分にたたみ、中心を紐でしばり、左右に三つずつの輪を広げカールの間にリボンの中心をうずめこむようにしっかりととめ、カールとリボンが、ひとひらずつ交叉するよう整えながらピンでとめる。⑨耳もとの小さなカールは、もみあげの髪を少しとってカールしておくか、ヘアーピースを代用する。好みによりカールはなくてもよい。花はリボンとカールの間にうずめるように挿してゆく。

この髪型はリボンだけでまとめると洋服にも合います。着るものの色とリボンを揃えることを忘れないように。それが楽しいオシャレのコツといえるでしょう。パーティなど楽しい集いには、造花ではなく生花を飾ってみるのもステキです。

6

7

8

9

B

①から⑧までの絵を見ながら結ってください。
①耳から耳へ前後に分け、②後ろの真中をU字型にとり、まげを作ってしっかりとめる。③衿元で二つに分け、片方をまげにかぶせるようにもってゆき、しっかりとピンでとめ、④片方も同じようにする。

1

2

3

4

⑤前の毛に逆毛を立て、⑥頭のてっぺんにピンでしっかりととめて⑦毛先がまいているので、それをごく自然に形をととのえ、ピンで目立たぬように、ところどころをとめる。⑧その後ろ側に花を飾ると、豪華なヘアースタイルが出来上がり、これも、晴着なら和服にも洋装にも、華やかさをいっそうそえてくれます。

5

6

7

8

C

耳から耳へ前後に毛を分け、後ろの毛を左右交差させるまでは前頁のヘアースタイルと同じで、毛先を小さくまとめてピンで押さえてしまう。①前の毛を後ろにとかし、②頭のてっぺんで毛を折りかえすようにして③その毛先が、ちょうど眉のあたりにくる長さにして、頭のてっぺんでしっかりとめ、④前髪を切ったように、形をよくととのえ、頭のてっぺんでもう一度しっかりととめる。これは、イメージチェンジで、前髪をその日だけ切りたいと思っても、切ってしまえばそれまでだから、お友達が遊びに来る日など、ちょっとこんないたずらをしてみると「あらっ、切ったの!」と皆を驚かせることもできるでしょう。⑤頭のてっぺんに、まるでまげのように花を丸くまとめたブーケを作って飾ります。ブーケでなくても、ヘアーピースでまげをのせれば、普段の髪型にもなるわけです。ときどきこんなイメージチェンジをしてはいかがですか。

4

2

1

5

3

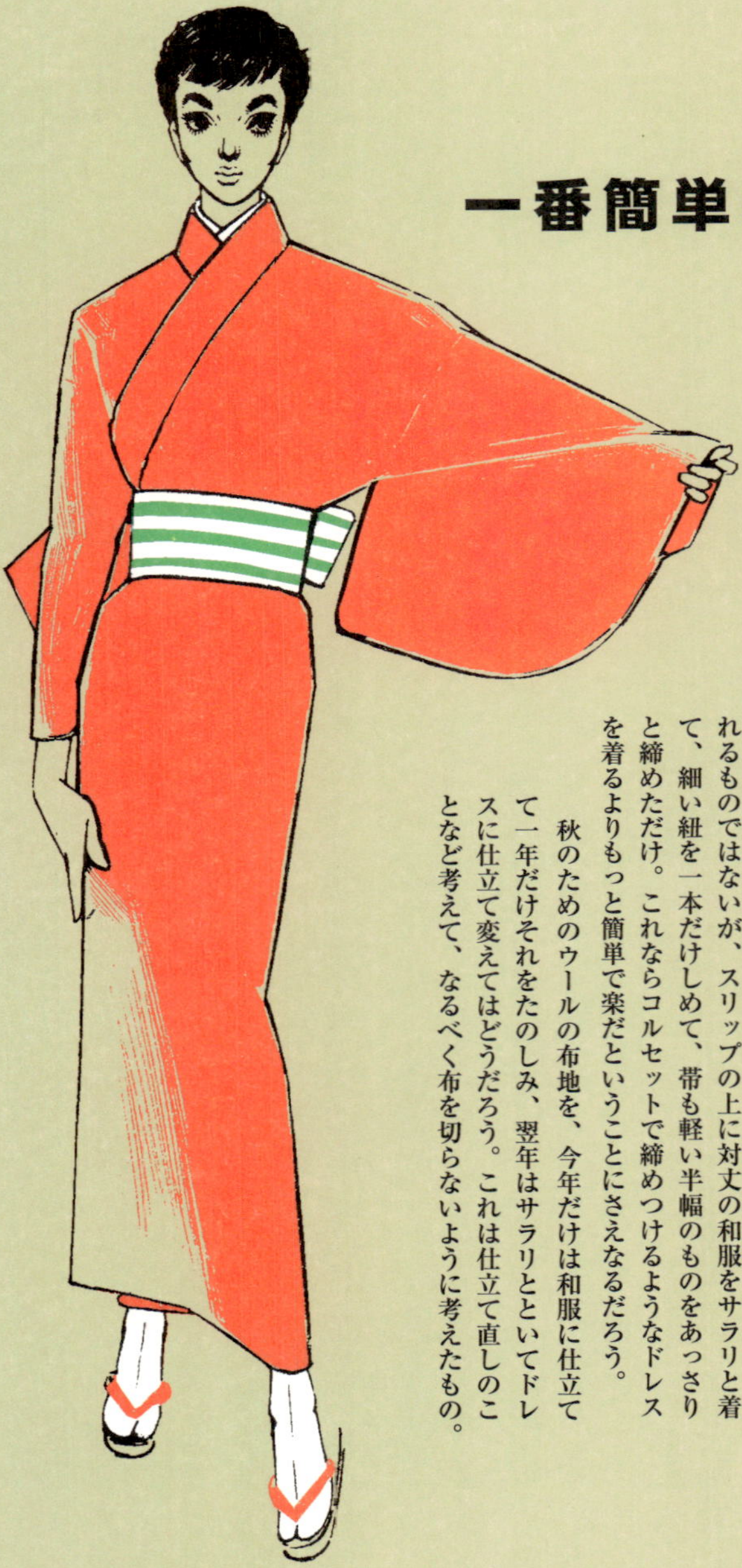

一番簡単に作るきもの

和服には和服のよさというようなものがあって、またそれはそれで、実によく割り切れて考えられたもので、日本のいろいろの生活状態から自ずと出来た合理的なものだと感心してしまうものである。その日本の暮し方も、昔と今ではいろいろに変わってくると、またその着るものについての考え方も自然と変わってくるのは当然と言わねばならない。

さて、どちらをむいても洋装ばかりが今の日本の現状であるが、それでも日本人はやはり和服を着る楽しさも忘れることは出来ない。

しかし昔の女性が着たように長い袖をひらひらとさせて、紐を十二本もしめて着つけた和服なら、今の若い人はとても着られるものではないが、スリップの上に対《つい》丈の和服をサラリと着て、細い紐を一本だけしめて、帯も軽い半幅のものをあっさりと締めただけ。これならコルセットで締めつけるようなドレスを着るよりもっと簡単で楽だということにさえなるだろう。

秋のためのウールの布地を、今年だけは和服に仕立てて一年だけそれをたのしみ、翌年はサラリとといてドレスに仕立て変えてはどうだろう。これは仕立て直しのことなど考えて、なるべく布を切らないように考えたもの。

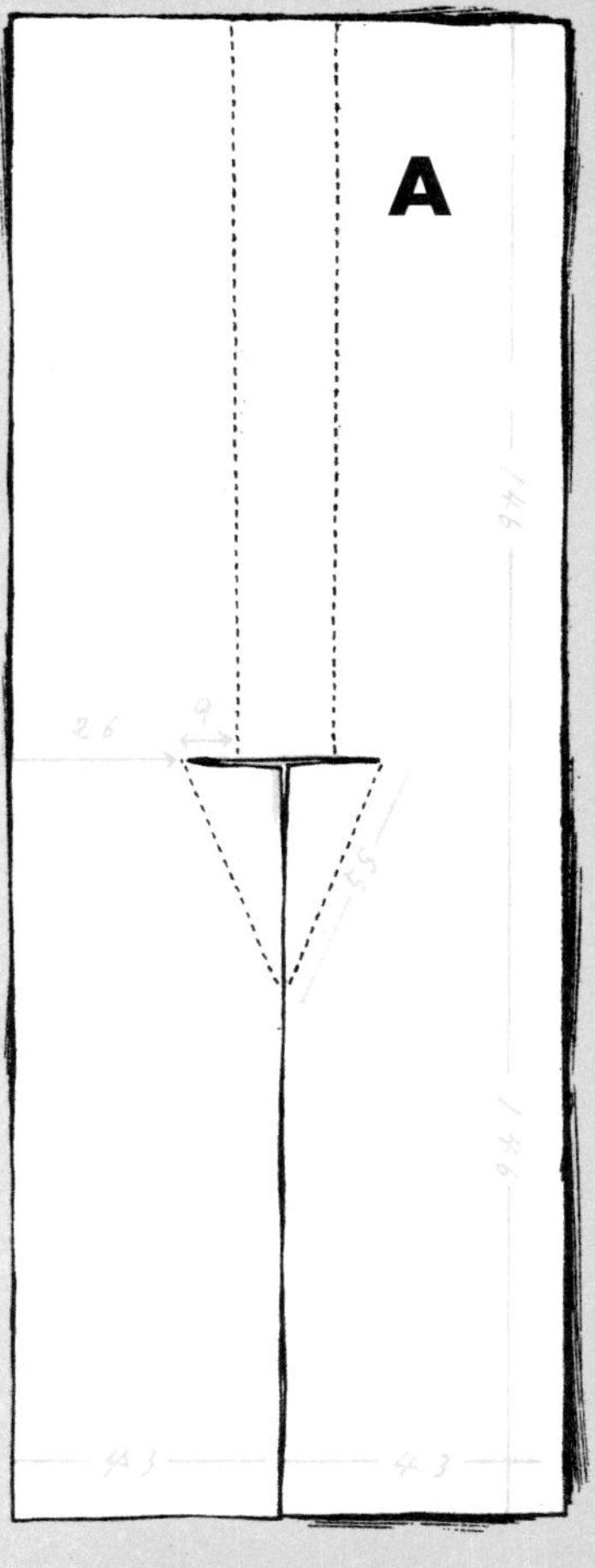

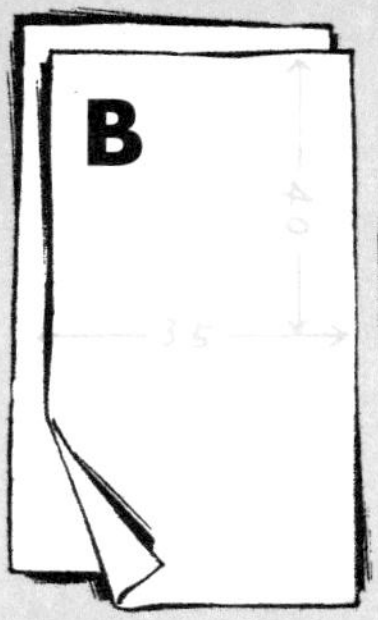

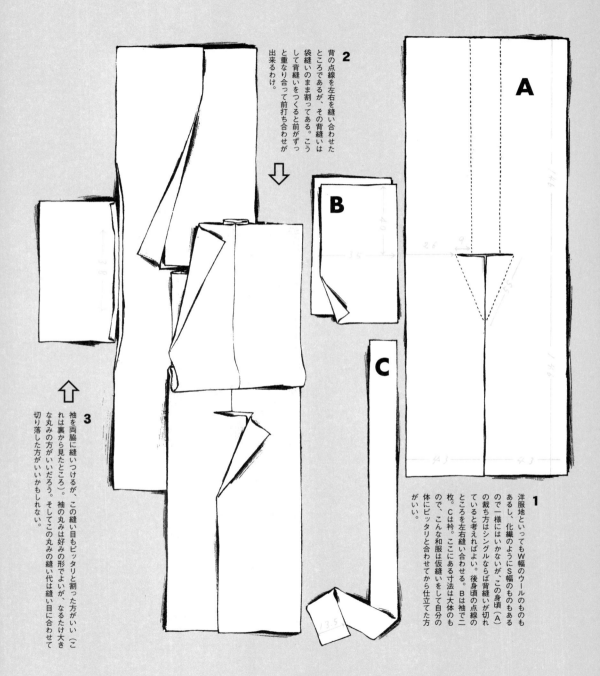

1

洋服地といってもW幅のウールのものもあるし、化繊のようにS幅のものもあるので一様にはいかないが、この身頃（A）の裁ち方はシングルならば背縫いが切れていると考えればよい。後身頃の点線のところを左右縫い合わせる。Bは袖で二枚。Cは衿。ここにある寸法は大体のもので、こんな和服は仮縫いをして自分の体にピッタリと合わせてから仕立てた方がいい。

2

背の点線を左右を縫い合わせたところであるが、その背縫いは袋縫いのまま割ってある。こうして背縫いをつくると前がずっと重なり合って前打ち合わせが出来るわけ。

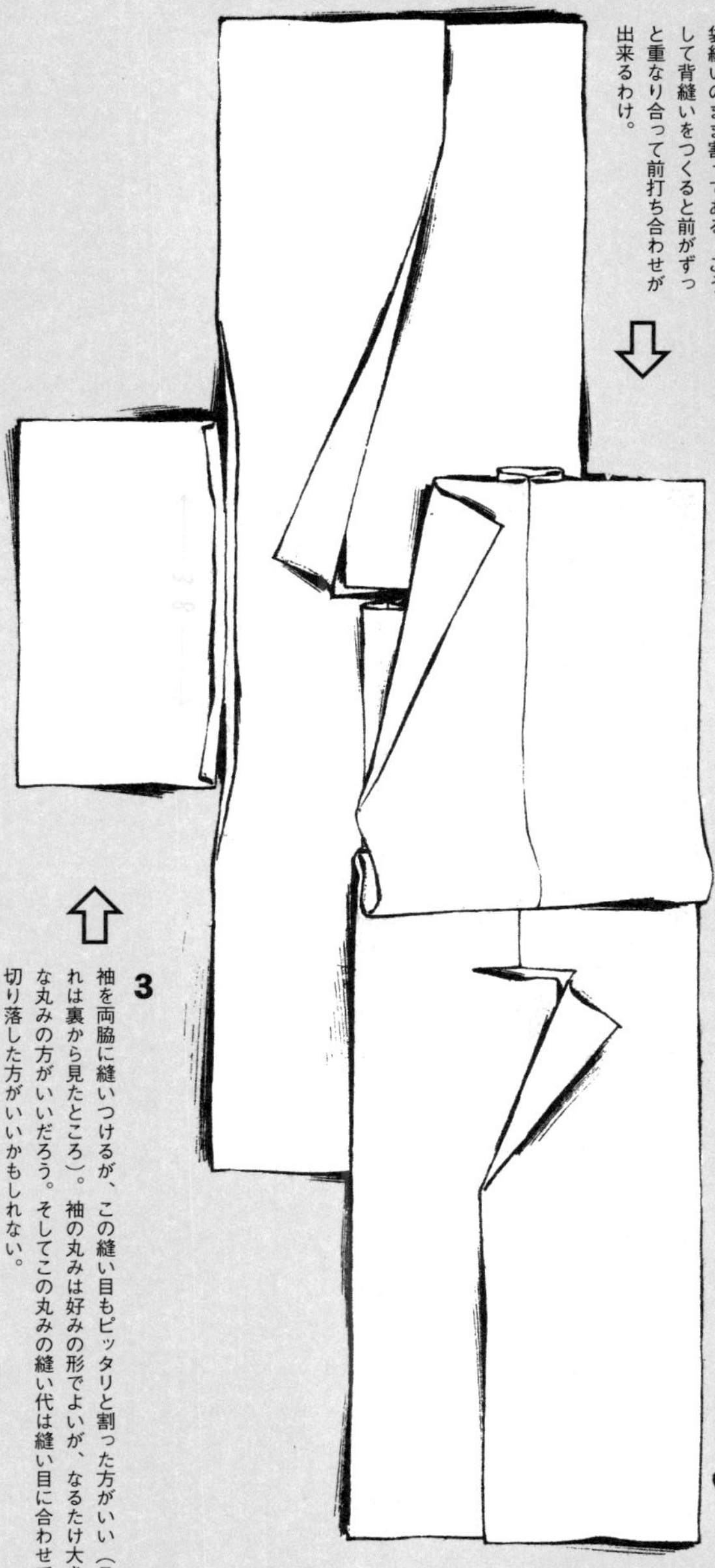

3

袖を両脇に縫いつけるが、この縫い目もピッタリと割った方がいい（これは裏から見たところ）。袖の丸みは好みの形でよいが、なるたけ大きな丸みの方がいいだろう。そしてこの丸みの縫い代は縫い目に合わせて切り落とした方がいいかもしれない。

4

脇を縫って衿をつけるが、この衿も脇も縫い代はピッタリと割ってみると、衿も袖も脇も一枚の布のように見えて、和服に新しい美しさが生れる。衿の止りはちょうど帯の下になる位置にする。

着つけについて

対丈といっても、自分の丈にピッタリの長さではちょっと長く着たいと思ったときでも思うようにならず、その上ちょっと裾が切れてももう丈をつめてしまわねばならないのでほんの少し長めに作り、ちょうど帯の下になる位置でおはしょりのようにする。帯の位置は思いきって下に。

ゆかたを愉しく新しく

どこの国にも自分の国の服装があるように、日本にも伝統的な和服があるのはいうまでもないことながら、その日本のきものを着ている日本人が、今日では若い人はもちろん、年寄りも子供もほとんどなくて、それがまたあたりまえのような感じになっているのは不思議といえば不思議である。

「それいゆ」より　昭和32年

ときたま、ちゃんと和服を着ている若い人でもみかけるとふりむいてみたりする、それほど和服は今の日本では、特別の、扮装的な、改まった、おしゃれ着として、日常の生活から遠く離れてしまったようだ。

和服がそんな風に特別なもののように思われているなかで、ゆかただけはまあ生

「ジュニアそれいゆ」表紙　昭和32年

活の中にとけこんで普段着として残り、夏になれば誰の頭の中にも「ゆかた」というものが浮かんでくるのは、ゆかたは値段が安いというだけの理由でもなさそうである。

毎年やってくる、蒸し暑い日本の夏の夕ぐれのひとときの涼を求めるために、ゆかたはなくてはならぬものかもしれない。

空気の乾燥しているパリなどでは、お風呂には一年に数回入ればよい位に考えているのに、日本人が夏に一週間も風呂に入らなかったらどうだろう。それぞれの気候や風土が、その国々の独特の生活様式を生むように、日本では、風呂に入らなければ、何か一日の納まりがつかず、特に夏などは、風呂でなければ、行水をしてでも汗を流すということが、日本に住む上の必要から生れた習慣になっている。

ようやく陽も傾いた夕ぐれ、さっぱりと汗を流した後、糊のきいた藍のゆかたを着て、打水した縁側で涼風をうけながらうちわを使う湯上りの風情は、どんなに日本人の生活が新しく変化しても捨て去ることが出来ないものではないだろうかと私は考える。

ところが、もともと湯上りに着るきものとして生れたゆかたが、いつの間にか外出着のような扱いをうける傾向が最近みられるのはどうだろうか。

日本のきものは、十二ヵ月それぞれに季節によって着るものが決まっていたし、日本の夏からゆかたが切りはなしては考えられなくても、それはあくまでも湯上りをふくめての普段着で、外出の時には、絽《ろ》とか塩瀬《しおぜ》といった薄ものを着ていたものだし、洋服でも戦前は、クレープデシンとかジョーゼット、ボイルなど値段の高い布地が夏のよそゆきの生地とされていて、木綿といえば、ギンガムやポプリン、キャラコといった値のはらない布地がわずかの種類しかなく、またそれがいずれも家庭着や下着としてだけに用いられていたものだ。

ところが、洋服の方では、あの木綿のさわやかな感触が迎えられて、今では夏のドレスは木綿一色にぬりつぶされた感じ。

生地も、かつてのギンガムなどはかげをひそめたように、木綿と一口にいっても昔のデシンやボイルに相当する相当高価なものまで、実にさまざまな種類があって、今ではイヴニングドレスも夏は木綿にかぎるとまで言われているのだ。

こんな風に洋服の方が何にでも木綿が用いられるようになると、和服の方も、ゆかただって外出着にしてどこが悪い、とでもいうように、あの藍のゆかたを外出着に着るのはどうもおかしい。

和服も洋服と同じように、絹はやめて木綿を外出着にするのは結構だが、それはそのためにまた別の外出着用の木綿をつくり出すべきで、ゆかたは夏のくつろぎ着としてとどめておきたいと思うのは私だけでもないのではないか。

ところでこのごろは絵羽《えば》式のゆかたも出ているようだが、裾模様のゆかたがあったからといって、まさかそれを訪問着のように考えているわけでもないだろう。あれはやはり湯上りに洒落て着るものとして、ゆかたは、あくまでもゆかたであるのだから。

かりに、いつも和服ばかり着ていて、オフィス勤めにも和服で通しているという人がいたとして、もし、その人がゆかた姿で出勤していたとしたらどうだろう? それはいうまでもなくおかしなことで、同じ木綿でも絣か何かをきりりと着ているのならいいけれど、ゆかたに半幅帯という姿では、まるで夕涼みに出かけたか、近所に買物に出たおばさんのようで、いかにもちぐはぐな感じがするに決まっている。

ところで近頃の若い人は洋服ばかり着ていると、和服を着るのについうっかりと右前に着たというお嬢さんもいるそうだから、案外、ゆかたがほかのきものと違う点なども知らない人もいるのではなかろうか。

ゆかたが他のきものと違う点は、第一に素肌にさらりと軽く着ることである。

宵待草　昭和11年

つまり肌じゅばんを着ない。衿もとから半衿をのぞかせずに、じかにきものを着ることで、またいかに上等なゆかたでも足袋は絶対にはかないことに決まっている。洗い潔めた素足が裾からすっと出ている、その足元のすがすがしさはゆかたならではの美しさであり、もしゆかたに足袋をはいたとしたら、それは洋服でいえば、ショート・パンツなどのリゾート向きのスタイルに、長いナイロンのストッキングをはいて、花のついた帽子をかぶっているようにおかしなもので、素肌にさらりと着ることがゆかたの味なのである。

このごろは、三色も四色にも染め分けたゆかたが出ているが、ゆかたの最もゆかたらしい味わいは白地にあざやかな濃紺か、あるいは濃紺の地にくっきりと白を染めぬいたもの、つまり、白と紺の二色で描かれたさわやかな色合のなかにあると思う。

紺と一口にいっても、赤味がかった、つまり多少紫がかった濃い紺と、深い藍の紺があるが、私の好みでいえば藍色の紺が目にしみるような美しさを感じさせる。

というのは、赤みをおびているのは、何となく暑くるしい感じだから、夏の夕ぐれの清々しさを味わうにはしっくりとこないように思えるからだ。

ところで、ゆかたの生命は、さっぱりと清々しい感じにあるのだから、着つけも、きちんと涼しげに着たい。

きちんと着るといっても、年齢や好みにもよるだろうが、胸を深く合わせることで、たとえ衿はぬいていても、打合せは深く着ないと、涼しげどころか、まるで授乳のあとのお母さんのように、はだけただらしのないものになってしまう。

裾もきっちりと短めに着た方がよいが、あまり短すぎてもねまきのようで風情がない。

帯は絶対にひとえ帯にしたいもので、あくまで軽い感じに結びたい。たとえお太鼓に結んだとしても、帯揚げを前で大きくのぞかせるような大げさな結び方は、暑苦しく見えるだけ！

また、ゆかたの帯は無地が一番。

軽い格子や縞程度ならかまわないとしても、こってりした花模様の帯をゆかたにしめたのではせっかくのゆかた姿もがっかりというもの。

だから、ゆかた帯はまず無地を基準にして、藍と白の二色のきものを、胸のところにはっとするような色彩をそえるのが帯だと考えたい。

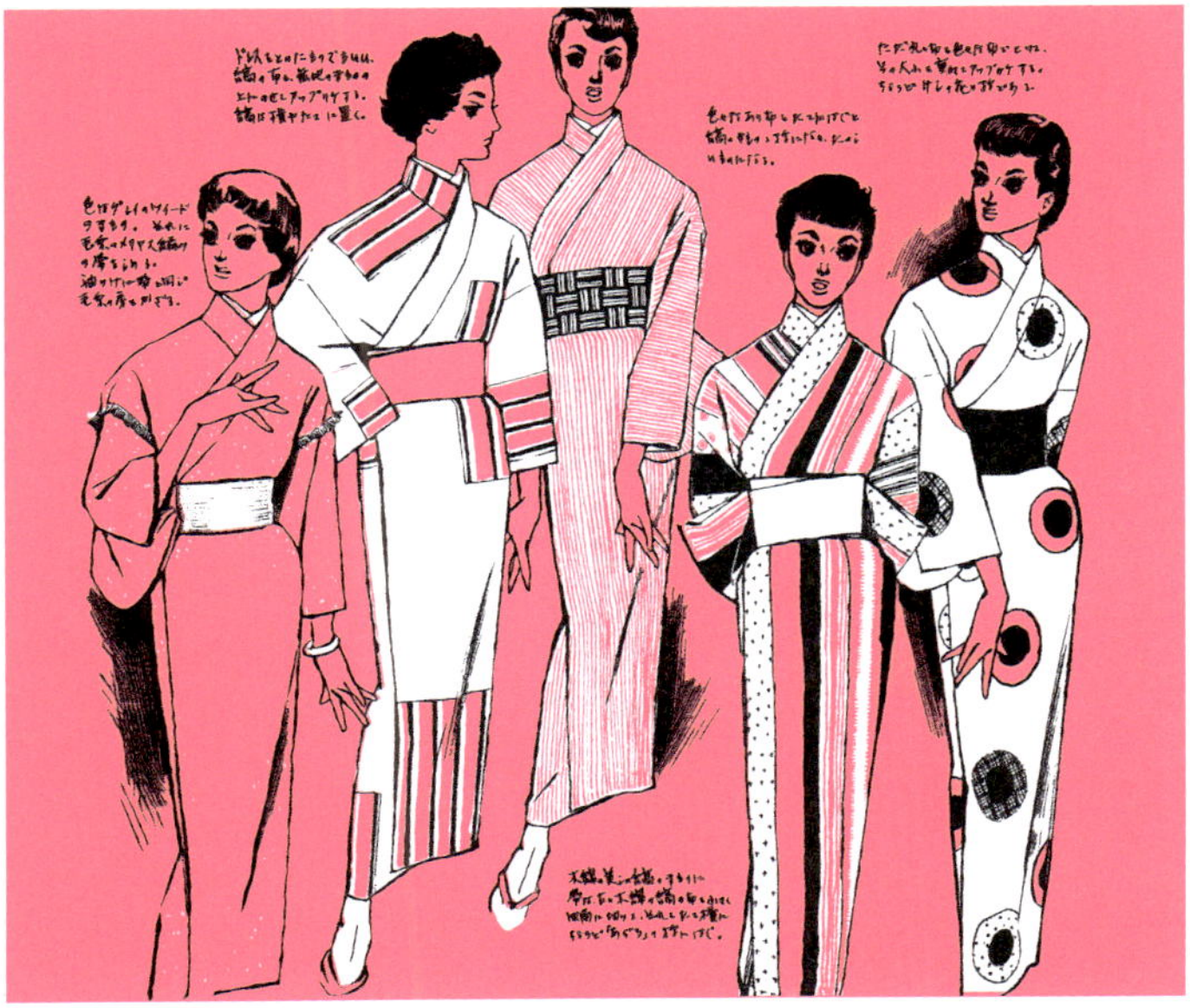

それいゆぱたーん　昭和29年

「ひまわり」表紙　昭和23年

真赤、黄色、緑、こげ茶、朱、ピンク、紫、等々年齢や好みによって色は自由だが、パッと鮮やかなその帯の色が、別れた後までも人の心に残るようなものを選びたい。そして帯という別の一色を添えたことによって紺と白のゆかたの美しさが一層ひき立ったのだから、他にはそれをさまたげるような色をおかない方がよく、出来ることなら、帯と履きものの色は揃えたい。

ゆかたには本来ならば軽い下駄ということに決まっているらしい。しかし、下駄ばきは見方によっては大変粋で、素足に下駄の江戸前の風情にはたしかに浮世絵のような美しさがあるものだが、また見方によってはお勝手用か、ちょっとお風呂にゆくときぐらいに見えないともいえないで、何となくさっぱり垢抜けない。それで草履の方が私は好ましいようにも思う。

そんな意味で、ゆかたにはものものしくない軽い草履をさっぱりと履きたいもの。たとえば、紺のゆかたに明るい朱色の帯をしめた人が、同じ朱の軽い草履を履いた姿はまたとなく美しいし、その花緒だけが帯と揃いでもよいのだ。だから、ゆかたの帯を買うときは草履のことを、草履を買うときは帯のことを、互いに必ずちょっと頭に浮べて選んでほしい。

それから次に、ゆかたは外出着ではないのだから、ハンドバッグを持つということは考えられないが、ゆかたを着て、ちょっと夕すずみがてら縁日にでも行くというようなときには、うちわを添えたい。間違っても扇子などもつものではない。

きものにネックレースをするのはさすがに特別な人に限られているとしても、イヤリングは、今では一般に常識のようになったが、だからといってゆかたにイヤリングをしたのでは、ゆかたの軽やかな美しさとは何となく不調和でいけない。

ゆかたのときには、どんなにすばらしい耳飾りよりも、血の色の透けるような、湯上りの清潔な耳たぶの魅力の方が素敵なのだから。

形式はいつの場合にも必要があって生れた

なにごとによらず、今日の私たちの生活の中に習慣として残っているものには、それがいかに形式にすぎないことのようにみえても、それなりの意味があるものだ。本当に役に立たないものだったら自然に淘汰《とうた》されてくるし、永い間のくらしのなかで今日まで受けつがれてくるはずはない。

一番身近な服装のことについて考えても同じことがいえると思う。そのもともとの意味をさぐろうとせず「形式的なものは無駄だ」と決めつけるのは早計ではなかろうか。

戦争中〝贅沢は敵だ〟と呼ばれていたころ、和服の無駄が槍玉にあがってうるさい攻撃の的になったことがある。たしかに長い袂《たもと》やお端折《はしょり》、深い縫代《ぬいしろ》などは必要のないもののように思える。しかし本当の無駄とは何であろうか。

洋服のようにデザインによって必要なだけの用布を買って仕立てるのと違い、和服地が一反という単位で売られていて、あのような仕立てになっているのは、それなりの理由があるのだ。

シーズンごとに目まぐるしく流行が変わる洋服はいわば消耗品だが、和服は女の人がたからもののように大切にし、一つのきものをくり返し仕立て直して、愛情をもっていつまでも着たものだ。長着を羽織に、羽織から長着にしたり、縫代を深くしておいて少しずつ傷んだところをずらしたり、いろいろと使い廻しが出来るようにと、ああいう用布の裁ち方、仕立て方が生れてきたのだ。それは実際のくらしの中から生れた智恵であって、長い年月をへてこまかく配慮された形式で、決して偶然にひょっこり昨日今日に生れたものではない。また今後も時代や生活のうつり変りとともに、具合のわるいものは改め、捨てられ、また新しい形式が生れてくることであろう。

今日なお形式として残っているものは、改める必要がないか改めるとかえって不便になるとか、あるいはあっても邪魔にならないものかのいずれかであり、目先のことだけにとらわれて、改良したつもりのものが、逆に不自由になった例もたくさんある。

一見飾りのように見えて、ちゃんと理由のあるものをいくつかあげて一緒に考えてみたいと思う。

きものの衿を合わせて、下から半衿をのぞかせているのは、衿元にアクセントをつけるための形式ではなく、きものの衿を汚さないための必要からきたもの。だから半衿をみせないで素肌にすっと着るには、それだけきものが汚れる覚悟が必要。

男の人が誰もかれも背広の下にワイシャツを着ているのは、それも必要からきたもので、単なる飾りではない。つめ衿の服には裏にセルロイドのカラーがついているように衿がじかに汚れないためにワイシャツを着るので、もしワイシャツを着なければ、毎日とりかえなければ汚れが目立つほどのあのワイシャツの汚れが、全部背広にしみるわけだ。

あわせのきものは〝ふき〟といって袖口布が少しはみ出している。これも袖口に別色でふちどってアクセントにしたものではなく、袖口が直接切れたり汚れたりしないために裏地の方を少し出しているわけなのだ。
もしこうなっていなかったら、一度切れた袖口はもうそのままで、どうにもならない。きものをいつまでも美しく、傷めないように着ようとした女の心が、きものを大事に着るために考えだした形式なのである。

ワイシャツのカフスが背広の袖口より少し出ているのも、前にのべたきものの袖ふきの場合と同じで、背広の袖口が傷むのを防ぐためである。もしワイシャツを着なかったら、一シーズンどころか、暑い日などは一日か二日で垢と汗がしみてしまう。

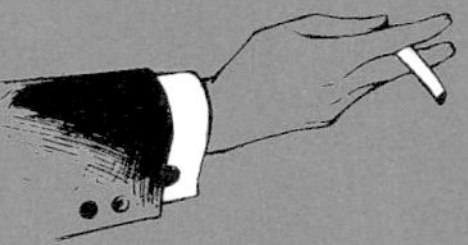

きものの裾には、裾ふきといって、美しい色の裾廻しが少しはみ出ている。これは裾が傷むのをよける目的を装飾を兼ねて扱ったもので、江戸時代から明治の初めまではこの幅も厚く、ある時代には、六、七センチにもして美しさを誇ったものだ。

ズボンのすその折返しは、ズボンの長さを調節するためばかりでなく、裾がいたんだ時のために、余分に折込んであるもの。

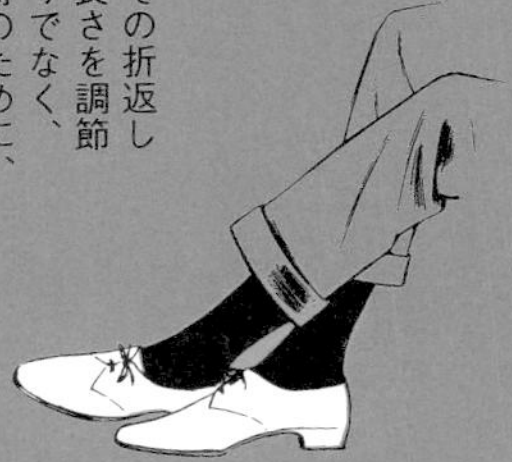

長いたもとは、ひらひらしていかにも活動的ではないように見えるが、働くときにはタスキをかけて、きゅっとたもとをたくしあげることが出来るので、けっこう甲斐甲斐しく仕事が出来たのだ。この長さは和服を普段仕事をするときも着る人にとって必要だった。

長いたもとにくらべて、いかにも活動的に見えるが、元禄袖にはタスキがかからないので、普段着として実際に仕事をするには、かえって不便なものである。

仕事とまではゆかなくてもちょっと手を洗うにしても、たもとを帯の間にはさみこむわけにもゆかず邪魔になる。

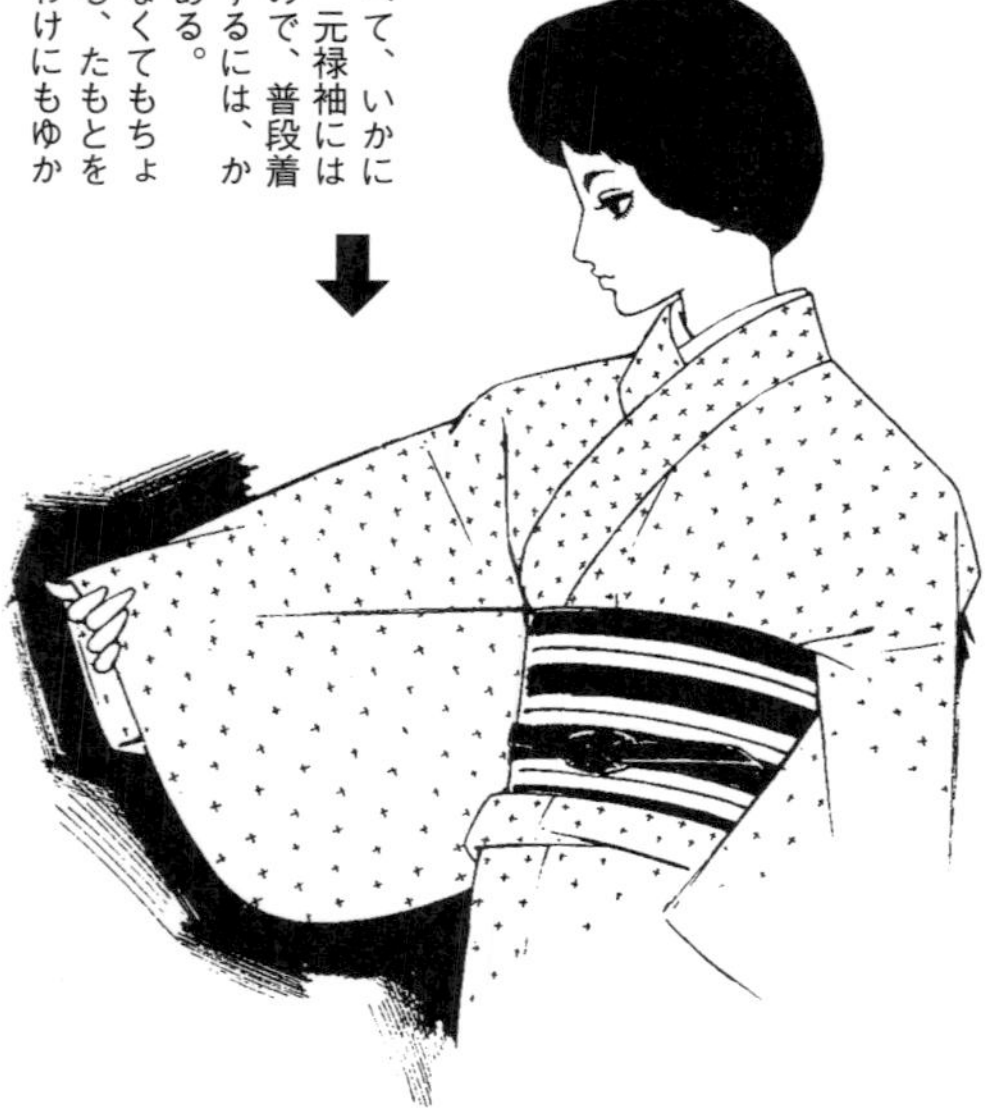

たもとの長いのは何か緊張を欠くし、それに不経済だから必要はないと、戦争中は袖丈を一尺（三十八センチ）と決められ、長い袖は贅沢だというので元禄袖にさせられた。いかにも合理的な話のように見えるが、その実これは実情を知らないお役所仕事である。規定によって長い袖がご法度になったためこれまでのようにひょいとタスキをかけて仕事をすることが出来なくなった。それに長い袖を短くしたために切った布は、別段何の役にもたたず、くずになったのだから経済的にも効果はなかった。

和服で働くことがなく、むしろ遊び着として着るようになった今日、必要な用布だけ買える洋服地で仕立てるような場合はなおさら袖丈のことは好みによればよい。

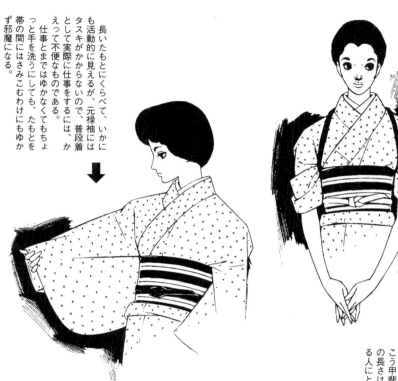

たとえば三つ重ねのタンスなどは、戦前なら嫁入道具として欠くことの出来ないものだったが、最近の若い夫婦は三つ重ねのタンスを持っていないことが多く、それが別段はずかしいことでもない。それでは三つ重ねのタンスは形式にすぎなかったかというとそうではない。和服というものは一つのきものが十年先までも着られるので、一年に二着こしらえたとしても十年たてば二十着たまることになり、また今すぐ着なくても十年、二十年先に着られるものを用意しておくことが出来るので、どうしてもそのきものをしまっておくタンスが必要であった。ところが流行のある洋服では一、二年ごとに着捨ててしまって、つまりたえず新陳代謝が行われているため、数がたまってしまうということがない。十年先の洋服を用意する必要も、五年前のドレスを着ることもない洋服の生活が、三つ重ねのタンスという形式を捨て、洋服ダンスや整理ダンスがこれに代わった。

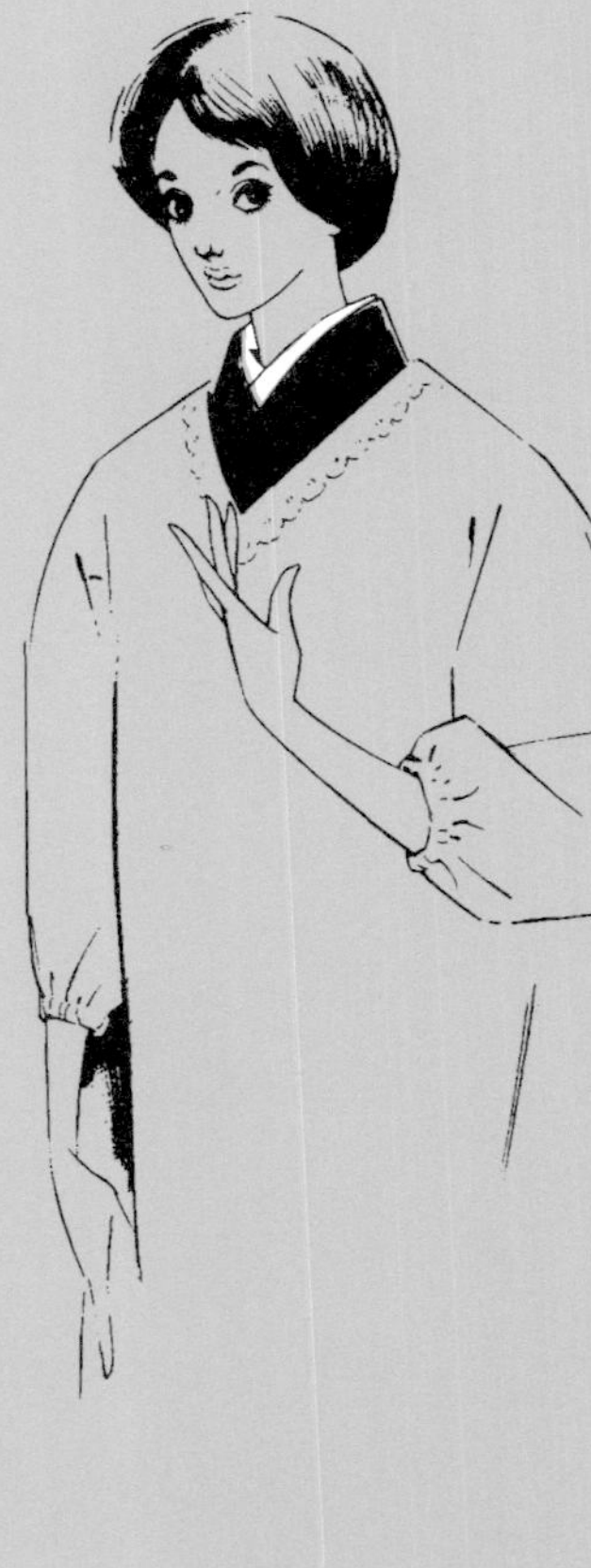

きものを着て働こうとするときには、袖が長くても短くても問題なしにいいのは体を全部包んでしまうかっぽう着だ。今はもうかっぽう着姿もあまり見かけなくなったけれどそれは和服がお洒落のための外出服や訪問服になり、普段はスウェターやブラウスの袖をたくして仕事をするのでかっぽう着の必要がなくなった。

きものにはかけ衿（共衿ともいう）といって、衿の上から更に胸もとのあたりまで衿がかかっている。衿もとは汚れが一番目立つところだから、いつも清潔にしておくためには、汚れる部分だけ衿をとりかえられるようにしたもので、折山も傷んだら少しずつずらしてつけ替えられるように一方に深く縫代をとって折込んである。この共衿も一反の布の中から、ちゃんと裁てるように計算して出来ている。

和服が形の上でも軽快な明るいものになるにつれて、羽織も短い方がすっきりするところから、しだいに羽織の丈が短くなり、いわゆる茶羽織が好まれるようになった。気軽に羽織るものだから仕立て直して後々までもという考慮もいらず、ウールやブロケードなどの服地でも作られるし、半反あれば出来る点から茶羽織用として半反の布をもとめることが出来るので、この茶羽織が一般に好まれている。

現在の和服は、鎌倉時代（約八百年前）に着ていた小袖という、袖の小さいきものからうけつがれた形で、袖も幅もゆったりと広く、仕立ても簡単なきものは、日本の気候や生活様式に合って今日まで続いてきた。蒸暑い夏のためには開放的であり、寒い冬には重ね着をすることが出来、坐ってくらす生活にも便利なのだ。

羽織は寒さの調節をはかるために長着の上に着る、ぬぎ着の自由な便利なもので、長着にくらべて短いのに、これもやはり一反で作った。ちょっと考えると、余分の丈は皆背中の方まで折込んであるし、衿なども幅の広い布を幾つにもたたんであり、いかにも不経済のように思えるが、中途半端に布を残してみても利用価値は少ないのだから、長着にも羽織にも使い廻しが出来るように、布をなるべく切らず、また不要な布をつくらないこの仕立て方は賢明な方法ということが出来る。

形式は長い間には変わってくるもので、そのなかでも変わらないものがあったら、結局その方がよかったからで、そのうちに自然に変わってきたものは、やはり必要でなくなったからなのだ。何かにさからって発達したわけでもなく、生活とともに形式は変わってゆくが、裏づけなしに瞬間に新しいものが生れたとしても、決してそれは成長しない。

つけ帯というのはかなり前からあったが、今まであまり普及しなかった。日本人が和服の生活をしていたころは、帯の数もたくさん必要であったのに、いくら作りつけの帯が便利だからといっても、重ねてタンスの引出しにしまうとかさばってしまうからだろう。和服をあまり持たなくなった現在では、帯の数も少なくてすむわけで、ちょっと箱にしまって棚の上にでものせておけるので最近ではその簡便さが若い人に好まれて普及しているようだ。

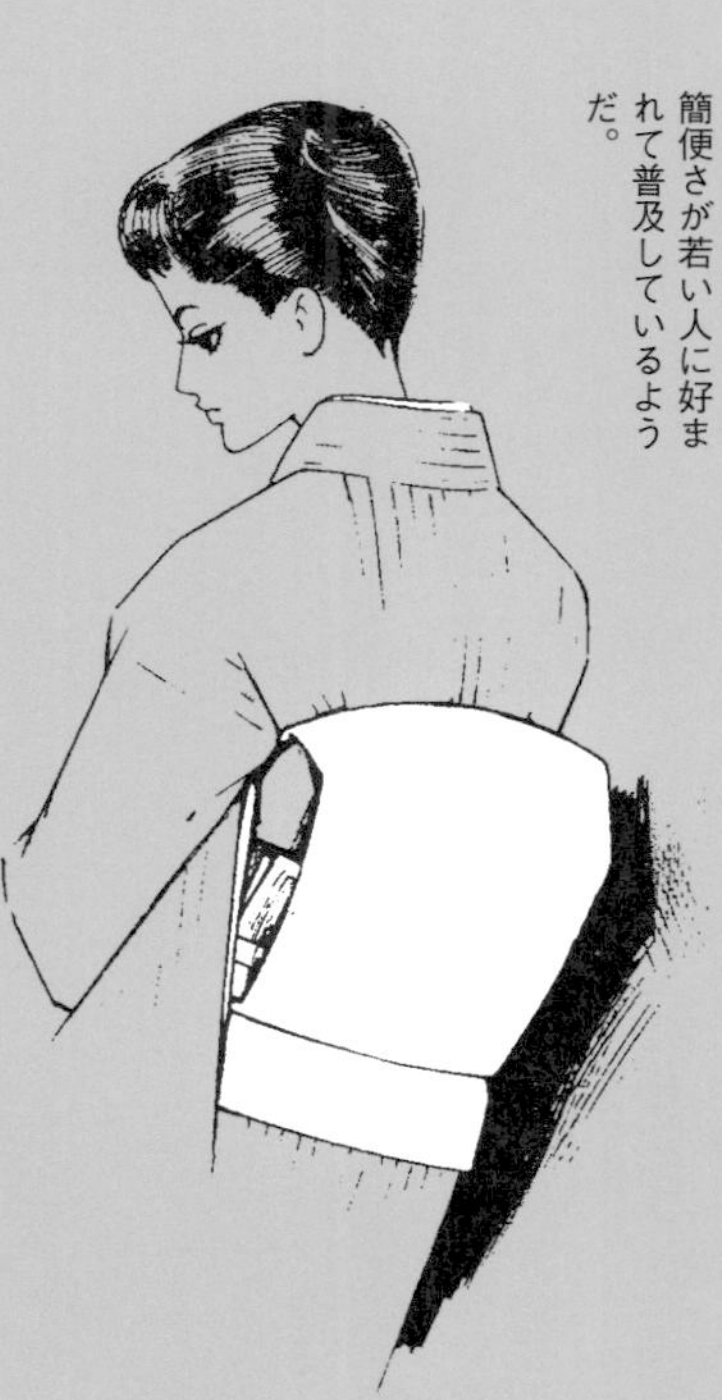

長い丈のきものを端折って着るほどなら、最初から対丈（ついたけ）にしておけばよいようなものだが、このお端折の調節で、きりりと短く着たり、長くドレッシイな感じに変えて着たりすることが出来るよさがあり、また裾が傷んでもこれだけの余分があるので、少しずつ裾を切って縫直し、新しい感じに着られるものだ。

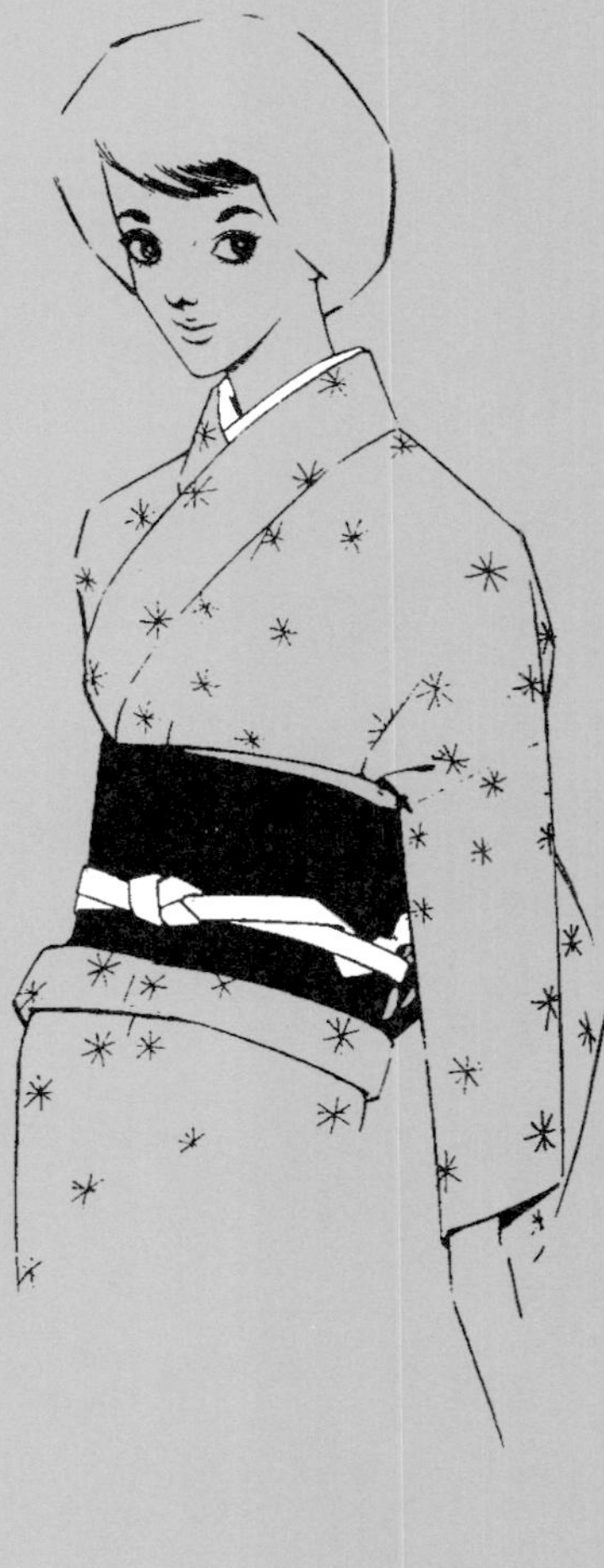

これまでの和服は一つのものを何度も仕立直して永く着たし、また流行のないものだから、母から娘へ、あるいは姉から妹へとゆずることも多かった。そのためにはお端折があり、あちこちに深く縫いこんであるきものは大いに重宝であった。ところが今日ではきものの性格も変わって、一つのきものをいつまでも着るというより、その時々で気に入った装いをたのしむという方向になってきた。スーツとかワンピースとか、ドレスの種類と同じく、きものスタイルにデザインされたドレスの一つと考えて、洋服地などで自由に作るようになった場合には、人にゆずることを考える必要もなく、お端折や深い縫代は全く意味をなさないことになる。そこで、広幅で、背縫や脇縫なしのきものも仕立てることが出来るし、また対丈のきものも生れてきたわけだ。この広幅で作るきものにわざわざ裏をつまんで、みせかけだけの衽（おくみ）をつけたりするのは、形式だけをまねて、そのもともとの意味からは外れた愚かなことといわねばならぬ。

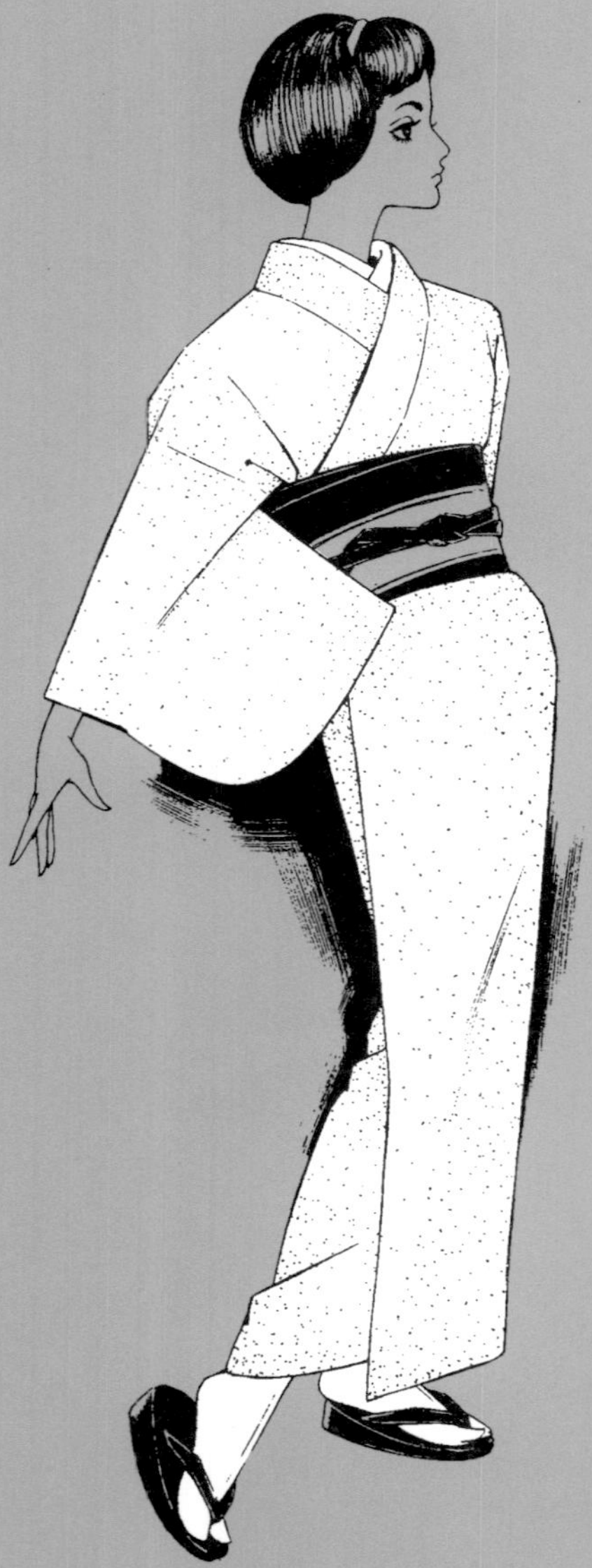

C O L U M N

衿足は昔の女性の髪型につれて

ほんとうをいうと、和服というものはどちらかといえば、曲線的な美しさを楽しむもので、したがってドレッシーな感じのものといえる。深く衿をぬいて、その肩のあたりから袖の方へ流れる線や、帯の下あたりから裾にかけての曲線などが実に和服を美しいものにさせるのだけれど、これではどうも現代の美しさとはいえない。

大人が和服を着るときは、衿を後ろにぐっとぬくのに決まっているし、そうでなければ「女っぽさ」がないとされていたが、その衿をぬいた感じの中にはいかにも古くさい女の香りが感じられる。それでぐっと衿をつめて子供のようにきちんとした衿もとにすると新しさが生まれ出るのはもう誰もが承知している。

しかしこの衿をつめて着る着かたは、ほんとうは若い人に向くもので、中年婦人などはそれをあまり極端にやりすぎてはかえって滑稽に見える場合もある。といってもその若さはほんとうのその人の年齢ではなく、その人から受ける雰囲気が中年的なものかどうかということで、つまり娘っぽいかマダムっぽいかで決めればいいわけだ。

衿をきっちりと合わせて着るということは、ただ衿を前に引っぱってきものの衿を首に沿わせて着ることでなく、「衿を前で深く合わせることだ」と言った方がいいかも知れない。だからマダムっぽい年齢の人などほんの少し衿もとをゆるく着て、その衿を前で深くぐっと脇の下のあたりまでもっていった着かたがいいのだと知っていてほしい。

昔、女性がみんな日本髪に結っていた頃、まだ幼い童女はおかっぱだったり、髪をひっつめて稚児髷《ちごまげ》に結ったらしいが、十五、六歳にもなって桃割《ももわれ》などに結うようになると後ろの毛（たぼ）も少しふくらませて、それからおとなになって高島田や丸髷に結うようになってしまうと、大きくたぼもふくらませ、衿足をすっきりと見せるようになる。

ところで、和服を大人になるとぐっと衿をぬいて着るというのは、その髪型と密接な関係があって、童女のおかっぱの頃は首にきちんと沿わせて着るし、大人になってたぼが大きく長く後ろにふくらんでくるときものの衿も自然にぐっと後ろに大きくぬいてしまわないと着られない。つまり髪型の関係でぬかねばならないということ。

したがって、今のように大人になってもショートカットやポニーテールにしている時代になれば、昔で考えればいつまでも子供の髪をしているようなもので、だから、大人になっても衿をぬかないでいいということになる。だから、大人の感じ、つまりマダムタイプの人はほんの少し衿もとをゆるく着る位に考えていればいいのです。

きものの模様をつくる

ちょっとしたはんぱ布からでも、又カーテンやシーツの様なものでさえ、それをうまく生かしてデザインすれば素晴しいドレスが出来るのに、和服と云えば、かならず二丈八尺ある反物から作るものに限られているのです。

しかし、ここでちょっと考えを変えて、和服も、その材料を自由に選んでみたいものではありませんか。

洋服の様な新しいデザインの和服ではなくて、今までの和服の形式をなるべく生かしながら、その材料の自由を愉しんでみたものです。

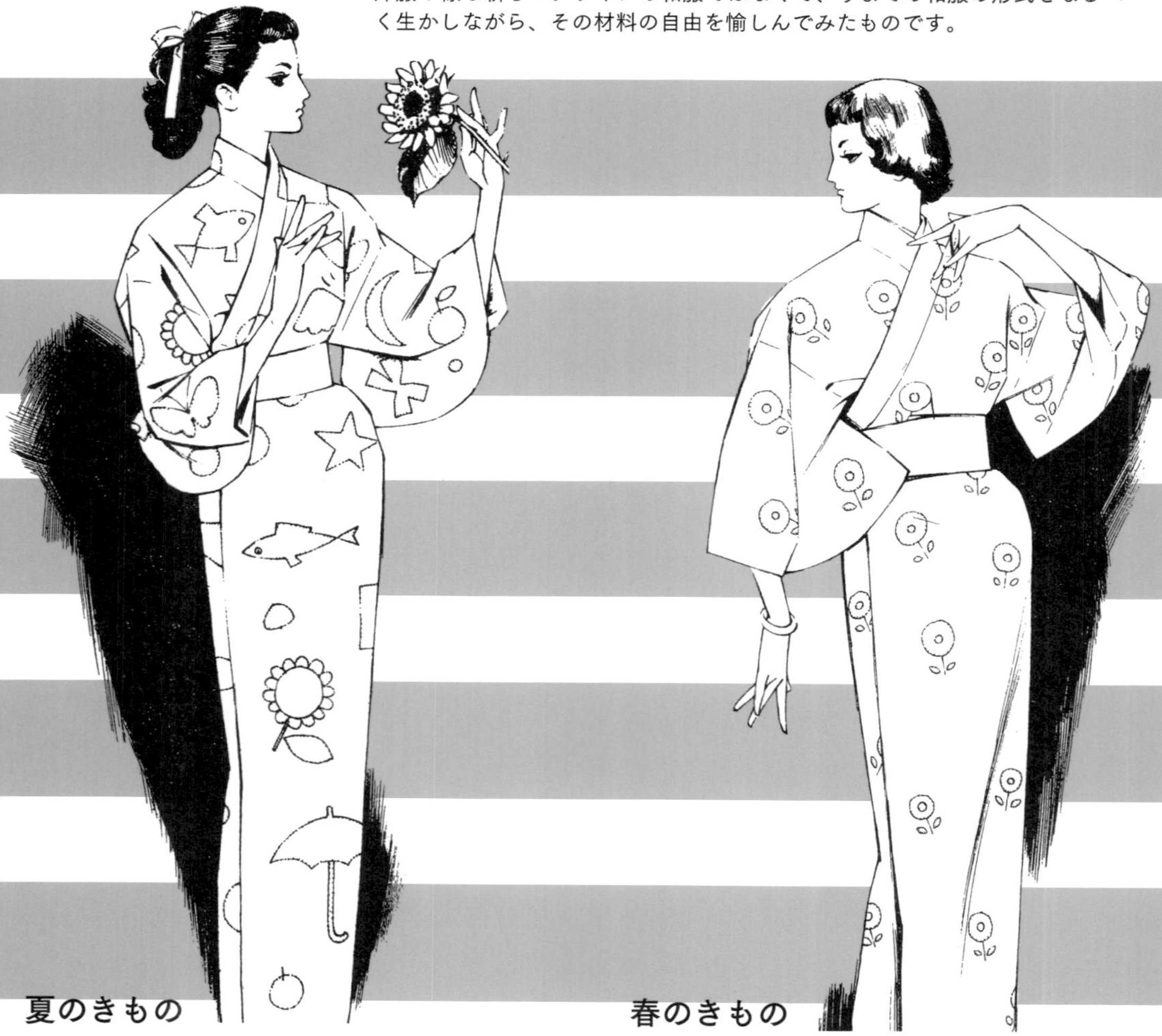

夏のきもの

白地でも又水色や紺でもいい。無地の着物に夏の色々なものをアップリケする。魚、貝、ひまわりの花、リンゴ、パラソル、蝶、お月様等々、何と愉しいきものではありませんか。日曜日の夜、お客様を迎える時のために、ひとつこんな着物をもっていたいもの。

春のきもの

無地や、細かいおばあさまの着物の様なものでも、その上に誰にでも出来る簡単なアップリケをしてみるのです。これは、可愛らしいデージーで、こんな図案なら、絵の上手な人でなくても、どんなひとにでも出来るものでしょう。帯は細いものにして、ひくい位置にしめ、後では三尺帯の様に無雑作に結ぶ。

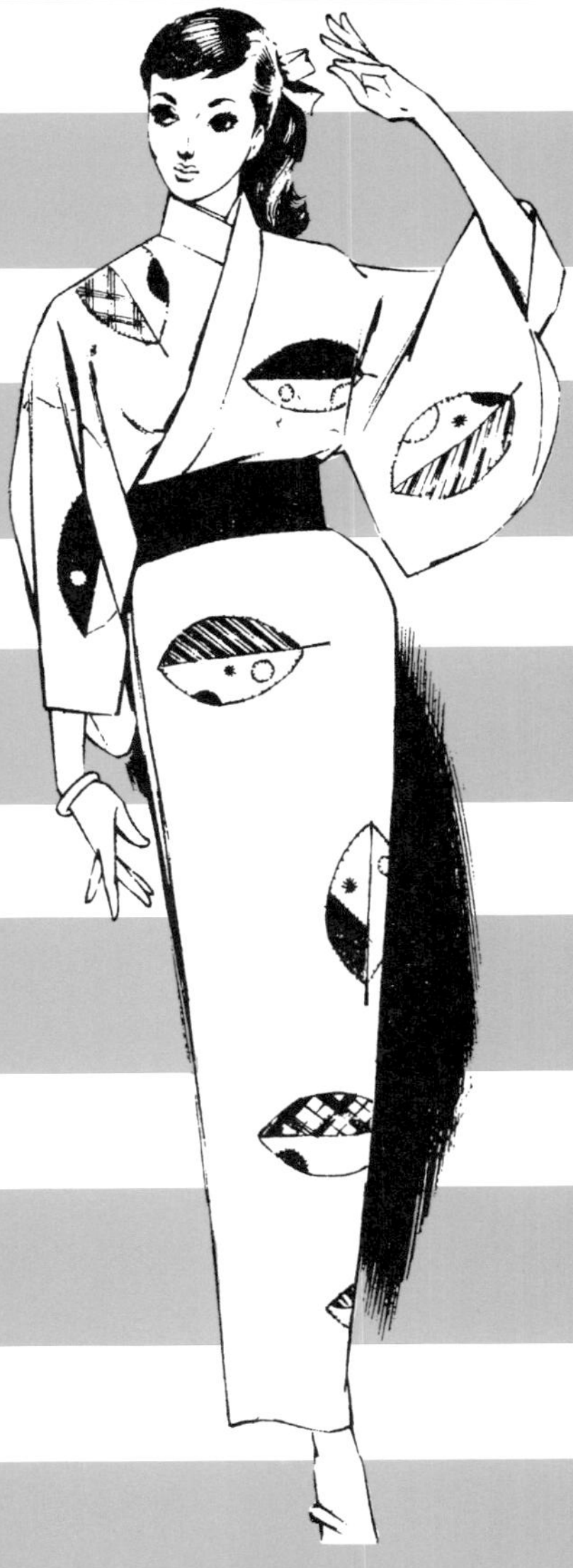

冬の家庭着

家庭着でなくても、このまま外出着としても素晴しいものだと思います。古くなって、といてしまったドレスや、残り布などをはぎ合せて、うすく綿を入れて裏をつけ、その上にミシンでステッチした、キルティングのきものです。色々な布の模様がつながって、又愉しい模様を描いているのです。綿の入った、あたたかな冬のきものです。

秋のきもの

無地のきものか、細かい模様の、これもおばあさまかお父様のきものの上に、残り布で落葉のアップリケをしてみたもの。このアップリケは、みんなウールの布を選んだ方が秋のきものにふさわしいかも知れません。そうしてところどころに毛糸等で秋の葉の紋の様なところを刺繡してみるのも面白いものが出来そうです。

子どもの晴着

七五三やお正月などのために

人形の様に飾りたてる

或る雑誌で、七五三のためのドレスを並べて紹介した記事の中で、和服は子供を人形のように仕立て子供自身の可愛さを失くしている、これは親の虚栄心に外ならないと非難している。たしかにその通りであろう。しかし、そこに紹介されていたドレスは何れも何段にも切替えたスカートに花かざりや大きなリボンをつけた西洋人形をそっくり真似たようなスタイルのものであった。これもやはり、子供を人形にしたという意味では同じではなかろうか。

愚かな親の虚栄心

親の虚栄心というのは何も和服を着せることに限ったことではなく、洋服の方にだってあるわけだ。お人形のように飾りたてたドレスはもうそれ以外の場所では着られない。むしろ和服の方が後で布団にしたり、襦袢にしたり、妹にゆずったり利用出来て経済的とも云える。要は和服とか洋服とかが問題なのではなくて、一度きりで駄目になってしまうような晴着のために、親が虚栄から、競って高い費用をかけて飾りたてることの愚を云っているのだ。

七五三のいわれ

やがて七五三とお正月がやってくる。七五三というのは、女の子は三つと七つ、男の子は五つのお祝で、女の子は三つになると一つ身から四つ身の着物に、男の子は五才になると袴付の儀式を、男女とも七才になると帯解きといって、付紐のない本裁ちの着物になり氏神様に氏子として記帳してもらい、いよいよ一人前になったことを告げるという古い儀式の習慣を今に伝えたものだが今日では子供を着飾らせる事がその日の楽しみの様になってきた。

長い袂もいいが、元禄袖でもきものを着たという喜びは充分。ピンクに白い縞とか赤にねずみの縞とか大人が着ているような柄でも、帯との調和で子供が着ても可愛いもの。

子供を着飾らせる喜び

日本だけでなく世界の何処の国でも子供に関した色々なお祭りがあってその日はやはり子供たちに晴着を着せているようだ。子供を着飾らせて喜ぶ気持は共通のものらしく、そんな習慣は決して悪いものではない。最近日本ではお正月とか七五三に子供が人形の様に着飾る事が批判の的となってきた。確かに批判される点は沢山あると思う。そこでそれではどのように持ってゆけばいいか、子供服全般に対してふれながら考えてゆきたいと思う。

子供の和服にも新しい装い方がある筈。髪もごく自然にとかし（華やかさを添えたければ毛先だけ一寸はねる程度）リボンもしゃっきりした無地をあっさり結ぶ。着物も特に七五三といわず可愛い小紋で、帯との調和で生かす。

子供服はあくまで子供の愛らしさを生かすものでなければならず、大人や人形の真似をさせない。

特権意識を持たせる

子供をお人形の様に可愛く見せたいという気持は悪いことではない。しかし問題になるのは、その為に子供に子供服以上のものを着せようとする事だ。

晴着を着る喜びは子供の世界にも持たせたいし、普段着を脱いで美しいきものを着、その日を愉しく過す気持を養うことも大切なことだ。しかし、自分は他の子供よりいいものを着ているとか、自分の方が素敵だと思わせるような、いつも周囲と比べて競うような心を決して植えつけてはいけない。

大人の和服の変遷

和服も明治・大正・昭和の初期と現在では随分変ってきて、近頃の傾向としては殆ど洋服的な感覚のものになってきた。若い人も黒や紺の無地の着物を明るい帯で引立てたり、小紋のようなものが多くなり、大柄があってもそれは洋服のプリントの感覚が織り込まれているのに、子供の七五三の晴着というとどこのデパートでみても決った様に昔ながらの楠玉とか、手毬とか御所車や菊の花等、色彩を幾つも使った古い時代のそれと少しも変っていない。

昔はやった髪型

髪はというと、そんな昔ながらの和服を着た場合どうであろうか。殆どといっていい位、十年一日のごとく前髪をきっちりと切り揃え、両脇の髪をきれいにコテでカールした、童謡歌手なんかがしているあの髪をさせているようだが、あの髪はどうも感心しない。この場合なら、むしろ、新日本髪にした方がいい位なものである。小さな子供が昔ながらの晴着を着て、まげのような髪を結っているのはむしろほほえましいものとして受取れる。

古い感覚の七五三スタイル

大人の和服が帯の巾が狭くなったり袖丈が短くなったり、帯揚げを帯の上にのぞかせないようにしたりして新しく着方が変ってきたのは、美しさの標準が変ってきたからである。それなのに子供のものだけは、相変らず帯を胸高にしめ、ハコセコ、シゴキ、高いぽっくり、それに中に鶴がいるような結びつけの大きなリボン……といった決まりきったものが、七五三のスタイルとして三十年来殆ど変っていないのはどういうわけだろうか。

アップリケで生かす

子供にウールの無地では一寸淋しすぎると思ったら、アップリケをしてみるとよい。アップリケの図案というと何か特別の技能を必要とする難しい事のように考え勝ちだが、下の絵をよく見るとゆがんだ様な円を重ねた花に葉をつけただけの簡単なもの。それでも自信のない人はまんまるでもよい。黒かグレイの様な地味なウールで子供らしくないと思ったら、思いきり華やかな色でアップリケをしてみてはどうか。どこにもない美しさがそこから生まれる。

今の時代感覚からは遠い

ひと昔前、ハイカラな母親は子供にいい恰好をさせるときは、好んであのコテでカールした髪型にしたものだった。ところが大人の髪型があれから百あまりも流行ってはすたれ、流行ってはすたれしたのに子供が晴着を着ると未だにその頭をする事が多いのはどういうわけなのだろう。

いかにあのスタイルが古いか気がついていればおよそ、今日の時代感覚からは遠いあの頭を得意になってさせるわけがない。

無地のウールにアップリケしたもの。ゆがんだ様な円を重ねた花に葉をつけただけの簡単なものだがどこにもない美しさがある。

現代にふさわしい装いを

こう考えてくると子供の和服にも当然新しい時代にふさわしい装い方がある筈だという事に気がつく。和服の場合もゴテゴテと満艦飾にするのはやめて可愛い小紋のような柄をみつけてくるのはどうであろうか。もし着物の色が華やかだったら帯は思いきって黒でもよいし、反対に比較的着物の色や柄が淋しい場合は黄・赤・朱などの鮮やかな無地の、狭い巾の帯をかるく可愛らしく結び、半衿も白にした方がずっと美しく見える。

ウールの無地のきものも暖かですっきりして可愛いものだ。赤やピンクの可愛い色だったら帯は真黒にしてもいいし、グリーンやグレイだったら真赤にすれば可愛いだろう。こんなウールの着物だったら後で洋服に仕立て直せるし、お母さまのドレスを作るつもりの布をその前にこうして着てもよい。

黒い被布を着る

長着は縮緬でもウールでも、小紋の様な柄のものでも縞や絣でもよい。それに黒いビロードかウールの被布を着せる。黒とは限らないが、華やかな色には黒が美しく映る。胸の飾りは古典的な房でもかまわないが、これはフェルトでつくった花を飾った。髪は近頃若い人達の間で流行のポニーテールを右の絵のように自分の手で簡単にまとめて。

黒いビロードかウールの被布で、胸の飾りは古典的な房でも構わないが、これはフェルトの花を飾った。

男の子の晴着

男の子は身なりをかまわない方が男らしいと考えるのは間違っているし、男の子にも凝ったものを着せて可愛くする事は決して悪い事ではない。七五三の時のカウボーイやモーニング姿も無邪気な目で見ればあれで可愛くていいが、それがその子にスターのような意識をもたせる結果になってはならない。又普段和服を着たことのないような男の子でも、七五三とかお正月とかには着る事も多いようだ。そんな時は下の絵のようなものにしては如何。

晴着を着るよろこび

長い袖は日本の着物の華やかな特色で、長い袂もいいが、普段洋服ばかりの小さい子供は元禄袖でも、きものを着たという喜びだけは充分なのではなかろうか。大人は機能的な働き着と夢をもった晴着とは別なものとしてちゃんと区別されているが、子供の場合は晴着を着たからといって窮屈にしばりつけて何も出来ないようでは感心出来ない。晴着をきても動けるようなもので、しかも子供自身それを着ることを喜んでいるようなものでありたい。

子供自身のために

和服は贅沢だ、洋服は不経済だと互いに云い合ったところで問題はそんなところにあるのではない。子供にお洒落をさせるのが悪いのではなく、それが本当に子供自身の為になっているかどうかという考慮を忘れてはならない。七五三にしても、お正月にしても本当に今日は祝い日なんだという改まった気持と晴れ着をきているという喜びとを子供に持たせてやる事が必要で、他と競う虚栄心から子供服の範疇からはみ出た服装をさせるものは行過ぎである。

一着のきもので一生着る

最近、きものが若い女性の間で興味をもたれている。戦後からしばらく、洋装へのあこがれという形をとっていた女性のおしゃれが、日本のきものにもという方向になってきたのだろうか。

キモノは今では世界共通のことばになって、もっとも美しい衣服だとされているし、それに、なんといっても日本の女性にいちばんよく似合うのは和服なのだから、日本人が自分の国の衣服を捨ててしまうのはおかしいし、残念なことだ。だから日本のきものは何かの形で残しておきたいものだと思う。

スポーツのときはもちろん、通勤や通学には機能的なデザインの洋服を選んでいても、さて晴着や訪問着ということになると、午後の服とか、カクテルドレス、イヴニングドレスなどは、日本の生活様式にそぐわないばかりか、そんなものを着る機会が年に何回もないということを考えると、流行の移りかわりのある洋服で晴着を持つというのは、あまり合理的でないという考え方にもなる。もちろん洋服で持っているのが悪いというのではないけれども、和服で持っていると、たとえ一年に一度か二度しか着なくても、永く着られるという意味で、決してムダでないことになる。

和服の特色は、年齢によってデザインがかわらないこと、時代によって型がかわってゆかないということにある。かわっていたのは、年齢によって色や柄がちがうということと着付けの方法がちがうということだけだったが、今ではそれも、年齢が若ければ派手にというのでなく、目にうったえる感じに重点をおくようになってきている。

昔ならば年寄りのような地味なきものを、帯とぞうりの色だけかえ、あとは着付けによって、各年代の感じを分けて着る。こうして、一枚のきもので十代から五十代、いやもっとそのさきまで、一生を通して着ることができるとしたら、こんなにも自由に着られるものだというきもののよさがもうひとつ発見できないだろうか。

淳一デザインによる蝶々夫人の衣裳を着た大谷冽子さんと。(昭和31年)

中原淳一（1913-1983）
香川県生まれ。幼少時より絵や造形に才能を示し、18歳の時、趣味で作ったフランス人形が認められ東京の百貨店で個展を開催。それがきっかけで雑誌「少女の友」の挿絵、口絵、表紙絵、付録などを手掛けるようになり、一世を風靡する人気画家となる。戦後は、女性に夢と希望を与え、賢く美しい女性になってほしいとの理想に燃え、自分の雑誌「それいゆ」(昭和21年)「ひまわり」(22年)「ジュニアそれいゆ」(29年)「女の部屋」(45年)を創刊。編集長として女性誌の基礎を作っただけでなく、イラストレーター、ファッションデザイナー、人形作家、プロデューサー、ヘアメイクアーティスト、スタイリスト、インテリアデザイナーなど多才な才能を発揮、そのすべての分野において現代につながる先駆的な存在となる。昭和30年代半ば、病に倒れ、永い療養生活の後、70歳にて永眠。

初出一覧

P8-18	私の知っているきものの話「女の部屋」創刊号	昭和45年
P19-24	私の知っているきものの話「女の部屋」2号	昭和45年
P25-27	新春を彩る紐をかざる髪「それいゆ」36号	昭和30年
P30-36	私の知っているきものの話「女の部屋」3号	昭和45年
P37	和服の袖丈をそろえる「女の部屋」5号	昭和46年
P38-40	私の知っているきものの話「女の部屋」4号	昭和45年
P52-57	きものの柄「それいゆ」5号	昭和22年
P60	色彩の話「女の部屋」4号	昭和45年
P61-67	自分で結いましょう　はつ春の髪「それいゆ」48号	昭和32年
P68-69	私の知っているきものの話「女の部屋」4号	昭和45年
P70-74	私の知っているきものの話「女の部屋」5号	昭和46年
P75	和服を新しく解釈する「それいゆ」40号	昭和31年
P76-78	表紙の髪型「女の部屋」創刊号	昭和45年
P79-81	自分で結えるお正月の花を飾った髪「女の部屋」5号	昭和46年
P82-84	一番簡単に作るきもの「それいゆ」35号	昭和30年
P85-93	ゆかた（愉しく新しく・34）「それいゆ」45号	昭和32年
P94-100	形式はいつの場合も必要があって生れた「それいゆ」56号	昭和34年
P101	和服を新しく解釈する「それいゆ」40号	昭和31年
P102-103	きものの模様をつくる「ジュニアそれいゆ」夏の号	昭和28年
P104-107	子供の晴れ着——七五三やお正月のために「それいゆ」41号	昭和31年
P108	一着のきもので一生を着る「それいゆ」48号	昭和32年

※本書は2005年3月に刊行した『中原淳一 きもの読本』に増補し、改訂しました。
※本書制作にあたり、原本の旧字・旧仮名づかいを一部改め、誤字・脱字を訂正しました。
また、文意を損ねない程度に一部抜粋・加筆修正した箇所があります。

コロナ・ブックス
【新版】中原淳一 きもの読本
二〇一九年三月二〇日　初版第一刷発行
著　者　中原淳一
監　修　株式会社ひまわりや
編　集　中原利加子
林 理映子（平凡社）
装幀・デザイン　中原蒼二
大倉真一郎
発行者　下中美都
発行所　株式会社平凡社
〒一〇一-〇〇五一
東京都千代田区神田神保町三-二九
電話　〇三-三二三〇-六五八五（編集）
〇三-三二三〇-六五七三（営業）
振替　〇〇一八〇-〇-二九六三九
http://www.heibonsha.co.jp/
印刷・製本　株式会社東京印書館

ISBN 978-4-582-63516-4　C0077　NDC 分類番号 593.1
B5 変型判（21.7cm）　総ページ 112